U0748467

好妈妈这样给孩子定规矩

李贝林
主编

南海出版公司

2020 · 海口

图书在版编目（ＣＩＰ）数据

好妈妈这样给孩子定规矩 / 李贝林主编 . –– 海口：
南海出版公司 , 2020.12
　　ISBN 978–7–5442–9861–2

Ⅰ . ①好… Ⅱ . ①李… Ⅲ . ①家庭教育 Ⅳ . ① G78

中国版本图书馆 CIP 数据核字 (2020) 第 125263 号

HAO MAMA ZHEYANG GEI HAIZI DING GUIJU

好妈妈这样给孩子定规矩

主　　编：李贝林
责任编辑：余　靖
策　　划：雷　子
出版发行：南海出版公司
电　　话：（0898）66568511（出版）（0898）65350227（发行）
社　　址：海南省海口市海秀中路 51 号星华大厦五楼　邮编：570206
电子邮箱：nhpublishing@163.com
经　　销：新华书店
印　　刷：廊坊市瀚源印刷有限公司
开　　本：710 毫米 ×1000 毫米　1/16
印　　张：14
字　　数：208 千字
版　　次：2020 年 12 月第 1 版　2020 年 12 月第 1 次印刷
书　　号：ISBN 978–7–5442–9861–2
定　　价：42.80 元

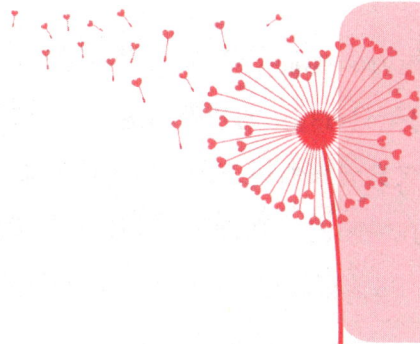

中国有句古话：玉不琢，不成器。我们的孩子就如同璞玉，如果没有经历打磨和历练，就永远不懂得什么叫作坚强，永远不能成为你梦想中的那个"栋梁之材"。

然而现在，有多少孩子生活在溺爱之中，连一顿饭也不会做；遇到问题只知道向后退缩，全然没有迎接挑战的勇气；一味地只想听好话，从不接受任何批评与意见；不能控制自己的情绪，终日被沮丧、胆怯的情绪所笼罩……这样的孩子，怎么可能成就一番事业，又如何能够自强不息？

这些现状看在眼里，相信所有的父母都会产生这样的疑问：要把孩子培养成一个怎样的人？我的教育方式正确吗？留什么给我的孩子？……事实上，不管你对孩子的规划有多么周详、缜密，甚至堪称完美，他最终的成才、成功都离不开一点，那就是——守规矩，有教养。

所谓"规矩"，指的是礼仪、态度、体魄等方面的高度自律，只有"讲规矩、守规矩"的孩子，才有可能拥有与众不同的成功人生。

正所谓"没有规矩，不成方圆"，毫无规矩和节制的溺爱，是家长送给孩子们最可怕的礼物。在中国，有不少家长往往唯孩子是从，百依百顺，有求必应，毫无底线。他们包揽了孩子的一切，照顾得"无微不至"，原本孩子自己能做也应该自己做的事情，他们都要代劳；他们给孩子提供的物质生活过于优越，甚至超出了家庭的承受能力；他们不给孩子任何接触困苦环境的机会，不让孩子受一点委屈；他们的眼里只有孩子的长处和优点，为孩子身上的毛病辩护……

在这种教养环境中成长起来的孩子，虽然身体健康、聪明伶俐，但是他们的非智力因素肯定是存在缺陷的，他们可能很任性，可能很自私，可能很有依赖性；他们可能很软弱，可能很霸道，可能不会与人相处……他们身上的缺陷，势必会影响他们的一生。

正如幼狮必须经历父母的教导传授，才能学会捕猎。孩子的未来，同样离不开父母的教诲。所以我们该放手时要放手，该狠心时要狠心，用规矩去规范孩子的行为，引导孩子的习惯，启迪孩子的思维，只有用严格的规矩和正确的方法去引导孩子，他们才能真正练就生存的本领，在这个竞争日益激烈的社会上活出自己的一片天地。

本书是一本教育子女的智慧宝典，结合当前的社会环境及父母望子成龙、望女成凤的迫切心情，从方法、德行、言语、形象、优秀品质、学习、好习惯、叛逆期、交朋友等诸多方面详细阐述了给孩子"立规矩"的意义，并为如何改善养育之道，提供了种种深刻的见解和实用的建议，希望能够为广大父母提供参考，帮助你把孩子培养成德才兼备的好孩子，让孩子的人生更丰富、更精彩、更完美！

请相信，每个孩子都是"一颗茁壮的种子"，只要父母在这颗种子发芽成长的阶段悉心照顾，严格规范，孩子总有一天会长成"参天大树"！

编者

目录

第三章　言语有方，教孩子掌握说话的艺术

第四章　形象不能离谱，秀出孩子的淑女、绅士范儿

第五章 做成功父母，培养孩子的优秀品质

第六章 书山有路勤为径，学业有成讲规矩

第七章　立规建制，让孩子养成好习惯

第八章　无规矩不成方圆，自律的孩子更优秀

第十一章 善于引导，让孩子遇见更好的自己

第一章

教子有方，给孩子定规矩要讲策略

有不少家长说："我们当然想给孩子定规矩，但孩子耍赖也没辙啊！"这其实是很多家庭的通病：孩子不听你的原则，常常以哭闹、不吃饭来要挟父母。而作为父母，要学会讲方法、讲策略，用智慧去给孩子定规矩。否则，定下的规矩无法执行，作为父母只能一而再，再而三地降低底线，就很容易陷入管理失控的恶性循环之中。

1 优化规矩不较劲，
彻底化解孩子的抵触心理

　　所谓规矩，必定是有束缚感的，在孩童时期这个无拘无束的阶段，想给孩子定规矩又谈何容易？孩子有时候不愿意遵守，摔打玩具以表示抗议，有时候干脆无视规矩，继续我行我素，搞得我们这些做大人的无比头疼。或许这样的事情每个大人都曾经历过，每到这个时候，我们心里就会想：哎呀，怎么定规矩孩子才肯听，话还没说几句立刻较上劲来，难不成给孩子定规矩比登天还难吗？

　　其实，大可不必这样烦恼，孩子的抵触情绪来源于他还没有意识到规矩对自己的好处，适时地循序引导，让他知道这一切有多重要，到时候不用你说，孩子自己就会遵行了。

　　淘淘今年还在上幼儿园，每天从幼儿园回来就沉浸在自己玩具的世界里，等到要睡的时候，玩具已经搞得到处都是，却从来没有将一切归位的意思，每当听到大人喊："淘淘，睡觉啦。"他便大摇大摆地径自卧倒在小床上，没几分钟就呼呼大睡了，好像整理玩具的事情就跟自己没有多大关系了。

　　看到淘淘这个架势，妈妈觉得有必要给淘淘立个规矩，玩具玩儿完了，一定要放回原位，可没想到就这么一点点小事情，却着实让妈妈头疼了一把。每当跟淘淘说起此事，淘淘表情都十分冷淡，他不发脾气，也不发表个人言论，只是自言自语地说："妈妈，你看小熊猫多可爱啊，我们把它放在这儿好不好？"看着淘淘自顾自地不搭理这茬儿，妈妈的眉头拧成了一个结，于是变换为更严肃的口气说："淘淘，妈妈没跟你开玩笑，以后玩具玩儿完了，一定自己放回原位，要不然下次找不见了，别说妈妈没提醒你。"

听了妈妈的话，淘淘不耐烦地说："妈妈，别老这么说，玩具会自己回家的。"

"是吗？玩具为什么会自己回家啊？"

"因为我是它们的妈妈，它们必须听我的话，自己回家。"

"那妈妈还是淘淘的妈妈呢，淘淘怎么不听妈妈的话，把玩具放回原处呢？"

此时，淘淘陷入了沉默，看了一眼妈妈，便不作声了。

"淘淘，玩具有自己的家，如果你真的爱惜它们，希望明天想找就能找到它们的话，就要学会在与它们相处完以后，好好地送它们回家，这样的好习惯会让它们更喜欢你。你想象一下，假如你将心爱的玩具丢在某一个角落再也找不到了，淘淘会不会难过，玩具孩子会不会难过呢？"

听了妈妈的话，淘淘点点头，从那以后，每到玩儿完玩具以后，都会倍感珍惜地将玩具一个个地摆放整齐，并对它们深情地说："玩具孩子，我会好好照顾你们的，我们是最好的朋友，我一定不会让你们伤心的。"

就这样，淘淘养成了用完东西放回原位的好习惯，时间长了，倘若没有这么做，反而觉得浑身不舒服了。

其实，培养孩子的好习惯不需要把话说得那么重，而是要给他们讲清这样做有什么好处，并带着他们采取行动去做，让他们看到这个规矩对自己带来的益处。当孩子在规矩的强化下，一点点养成了好习惯，他们会发现原来规矩是可以让他们变得越来越好的。好习惯就是这样在规矩的束缚下一点点养成的，好习惯会伴随孩子一辈子，让他享受到越来越舒适的生活，提高他整个人生的品质，如此看来，让他们不较劲地接受规矩的存在，还真是很有必要的。

2 规矩指向明确，行动才能目标精准

很多爸爸妈妈都知道给孩子定规矩是很有必要的，但是究竟规矩该怎么立，应该怎么把规矩跟孩子讲清楚，怎样能够精准地让孩子采取行动，就成为眼下摆在父母面前的关键问题。

曾经有一个一年级的孩子说："我爸爸妈妈总给我定规矩，可是规矩来规矩去，他们自己都搞混乱了，我也不知道他们在说什么，所以我还是我行我素地做自己吧。"由此可见，规矩指令倘若不明确的话，是很难让孩子有效落实的。针对这件事，有一位母亲在留言板上分享了这样一段经历：

要说定规矩这件事，孩子不听，有时候还真的怨不得他，很多时候，问题都出在咱们家长身上，指令一旦不明确，落实到行动上自然找不到目标，就拿我家聪聪为例，一件事情颠覆了我对定规矩的认知。

那天，我带聪聪去访友，一进朋友家，他就像人来疯一样话多得要命，搞得我很尴尬，于是回家以后，我严肃地跟他谈了一次："聪聪，以后去亲朋好友家不许这么活跃，要安静地坐在那里，不许乱出声，明白吗？这样人家才会觉得你有礼貌。"

聪聪听了以后似懂非懂地点点头，感觉气焰有所收敛，结果没想到当我第二次再带他去朋友家的时候，又闹了个大笑话。只见小家伙老老实实地坐在那里，一声不吭，这时候朋友夸奖他说："哎呀，你看你家孩子多乖啊，聪聪今年几岁了？"

本来是应该说话的，可是聪聪却依然直挺挺地坐在那里，一声不吭。朋友顿时觉得很奇怪，便将疑惑的目光转向了我。为了打圆场，我转过头对聪聪说："聪聪，阿姨这么喜欢你，问你话你为什么不回答啊？"

"妈妈说让我好好地坐着，不许乱出声的。"听了这话，我非常尴尬，可朋友却在一旁扑哧一声笑了出来说："你家孩子，还真死心眼儿，都是你教的吧？"

回家的路上，我的心绪异常复杂，我拉着聪聪的手跟他说："聪聪啊，首先妈妈要跟你说一声对不起，是妈妈给你立下的规矩内容不明确，妈妈是想说，以后串门的时候，要安静地坐好，不要乱说话，等到对方跟你说话的时候，要礼貌地应答，这样才是个懂礼貌的好孩子。"

"哎呀，妈妈，你早说啊，你知道当时阿姨问我话的时候我多纠结吗？我当时就想，到底是该说话还是不该说话呢？"

看了这则故事，你一定会觉得聪聪是一个有点糊涂但非常可爱的孩子，回过头来打量自己与孩子之间的关系，你就会发现，很多时候尽管我们都希望将规矩立在实处，却总是犯下不够明确的错误，望着孩子皱起的眉头，看到他们一知半解的神情，此时的我们就该认真思考，是不是我们在语言沟通方面出现了什么问题，是不是我们所立的规矩孩子就没听懂，倘若是这样，不妨提前做个计划，不要因为一个指令不明确影响到孩子后续一系列的行为。

其实就定规矩而言，只要落实了以下三条，应该就出不了太大的问题：第一，为什么定规矩；第二，这项规矩有什么好处；第三，怎么实施规矩细则。针对这三个问题，爸爸妈妈不妨在跟孩子交流之前先自己提前做好功课，宁可这个规矩不说，也不要一再向孩子发出错误指令，如若不然，孩子就会慢慢对爸爸妈妈口头立下的规矩失去信心，再想让他们乖乖听话可就难上加难了。

3 规矩不在于多，而在于精

曾经有个孩子这样抱怨道："我的爸爸妈妈经常给我定很多规矩，如果都加起来的话，估计上万字都不止了，老实说真正能让我记清楚的没几条，所以我根本就不听那一套，管他们呢，反正他们自己也是糊里糊涂。"听听吧，这种感觉好像是孩子向爸爸妈妈的规矩下了判决书，好像在说："你不把你们自己的思绪理清楚，我什么都不听。"

规矩这件事，是帮助后来人做大事的，遥想古代，刘邦当了皇帝后，也不过与百姓约法三章，倘若他真的制订上百条规矩，恐怕也真的没几个人能有耐心地一条条看完，所以就规矩而言，它并不在于多，而在于精。想要用规矩更好地管教孩子，剔除孩子的坏毛病，就一定要一招精准，让他心服口服。

那么怎样做才能让规矩精准呢？正所谓话不在多，言简意赅，看看下面的案例，希望对大家有所帮助。

秀秀的妈妈是一个非常睿智的人，她对秀秀的管教很严格，但秀秀从来都没有反感，原因就在于，她早已与秀秀约法三章，不管做什么事情，表述都要言简意赅，说完了就去做，要做就做好，一切就是这么简单。

一次，妈妈看到秀秀一回到家就去拿苹果，根本就不顾及自己脏兮兮的小手。于是一把把苹果抱过来说："秀秀，看看你的小手。"

"怎么啦，小手怎么啦？"秀秀问道。

"你的小手对我说，它们还没有被洗干净，所以不能拿这个苹果。"

"谁说的？我的小手是干净的。"秀秀狡辩道。

"那好，秀秀，现在妈妈给你立下一条规矩，回到家第一件事先把手洗干净，饭前便后要洗手，否则，休想吃到任何东西。记住了，妈妈只说一次。"

起初秀秀很不在意，但看到妈妈一脸严肃的表情，也不敢说什么。

第二天，秀秀一回家又不长记性地去拿苹果。

妈妈一把抢过苹果，叉着腰说："秀秀，昨天妈妈跟你说的话，可一定要兑现的哦。"

经历了这么一遭，秀秀只好低着头去洗手，从那以后，再也没有出现过问题。

后来，妈妈干脆和秀秀拟定了一份君子协议，上面简简单单地写着十大规矩事项，每一条都言简意赅、清楚明了，并对秀秀说："秀秀，如果你能按照协议将每一件事情漂漂亮亮地完成，那么妈妈就奖励你每周都有开心的娱乐项目。"

秀秀听了以后，非常开心，并非常认真地履行了一切，规矩的设立不但没有影响到妈妈与秀秀的母女关系，反倒让两个人更亲密了。

曾经听一个朋友说，她起初给孩子定规矩的时候，总是希望一切能全面一些，有一次甚至还专门针对这个问题，举行了一场家庭会议，结果才宣读了几条，孩子就不耐烦了，郁闷地说："妈妈，您的第十条、第二十条、第三十三条说的都是同样的意思，定规矩能不能言简意赅点啊。"

其实，定规矩这件事，讲求的是雷厉风行，语言简洁精练，既让孩子一听就明白，又能很好地落实到效果上。所以在定规矩之前，爸爸妈妈最好不要信口说，而是要提前做好准备，把句子尽可能地精练，简单得成为一句话，而且力求能让孩子清楚明了地去实施。

如果孩子思维简单，可以把规矩立得更适合他们的思维模式，对于孩子而言，是再重要不过的事情。写成长篇大论，会失去定规矩原有的初衷和效果，回头想想，定的规矩再多，没有落实也不过是枉费了一番心思。想当年老祖宗给后代定规矩，最多也不超过千字，自己给孩子定规矩，是不是也应该朝这方面学习学习呢？所以提前做好准备工作，精练你的语言，巧妙地运用方法，定规矩的效果才能事半功倍。

如可以这样给孩子定出门规矩：

第一条，不能闯红灯，过马路走斑马线，坐车必须系安全带。

第二条，别人的东西不能拿，想看想玩需要事先征得许可。

第三条，出门要待人有礼，见到熟人要主动打招呼，常说"请""谢谢"等。

第四条，出门买东西或游玩时要耐心排队，不可以随意插队。

4 定规矩用的是爱，而不是权威

古时候流传着这样一个故事：

一天，曾子的妻子要到集市去，她的儿子看见了吵着要跟她同去，曾子的妻子没有同意，儿子便坐在地上大哭起来。为了让孩子不再哭闹，曾子的妻子劝慰道："别哭了，你要是听妈妈的话，不哭不闹，等我回家后杀猪给你炖肉吃。"

儿子听了妈妈的话，果然转悲为喜，不再哭闹了。妻子觉得这件事就这么过去了，没怎么放在心上。可没想到妻子从集市上回来，看见曾子正抓住猪要把它杀了。

妻子忙问这是干吗。曾子说："你不是说孩子不哭了，就杀猪给他吃肉吗？"

妻子说："刚才只不过是和小孩子开玩笑罢了，哪儿能当真呢？"

曾子听了顿时严肃地说："小孩子是不能随便跟他开玩笑的。与孩子说话，就得说话算数，否则会影响他整个人生，以后你再说什么，他也不会信了。"

就这样，妻子只好忍痛割爱，允许曾子把猪杀了炖肉吃，兑现了她与儿子的承诺。

很多时候，我们家长都觉得规矩是定给孩子的，不是定给自己的，所以在定规矩的时候，用得更多的是家长的权威。我们觉得孩子天真幼稚，希望画个圈儿，让孩子自己钻进来，却没有想到之所以要定规矩，不是为了谁能压制住谁，而是包含着爱的成分。我们渴望让孩子通过遵守规矩而变得越来越好，所以必须要拿出真诚的一面来正视这件事。我们要知道，父母才是孩子最需要的人，每一个规矩的成立都凝聚了自己对孩子的关爱和体贴，让他们感受到这种爱，也是在定规矩中必须考虑到的成分。

悠悠的妈妈非常心疼孩子，而悠悠到了晚上就是不喜欢刷牙，尽管妈妈早就给悠悠立下了早晚要刷牙的规矩，但是每次妈妈敦促的时候，悠悠都是一脸的不耐烦。于是妈妈决定和悠悠好好谈谈这个问题。

一天，妈妈把悠悠叫到一边问："悠悠，你知道门口爷爷的牙齿为什么一颗颗都掉光了，前两天还因为拔牙弄得鲜血直流，痛苦得不得了？"

"为什么？"悠悠问道。

"因为爷爷从小到大没有养成早晚刷牙的好习惯，所以蛀虫到牙齿里搞破坏，到处开窗户，把牙齿都弄坏了，只能拔牙。"

"哇！这么恐怖！"悠悠惊叫道。

"你以为呢？所以妈妈要给你定早晚刷牙的规矩，要不然以后就跟爷爷一样，一颗牙齿都没有了，吃东西多痛苦啊。"妈妈说道。

悠悠听了，一脸沉默。

"悠悠，你要知道妈妈有多爱你，真的希望你能够健康成长，有一个强健的好身体，所以才给你立下这个规矩，你要是听妈妈的话，身体一定会越来越健康。"

听了妈妈的话，悠悠一把抱住妈妈说："妈妈，我好爱你。"

每当听到孩子说"爸爸妈妈，我好爱你"的时候，作为父母会不会内心深处有一股暖流流过呢？我们希望孩子能更健康、更快乐地成长，所以才会绞尽脑汁给他们立各种规矩，希望他们少走弯路，但有一件事不要忘了，就是要让孩子真切地感受到家长给予他们的是爱，而不是权威，这样一来，即便是孩子对规矩一时不理解，也不会对父母定的规矩产生太多的抵触情绪。

5 统一口径，把规矩定得天衣无缝

"孩子，想吃巧克力吗？爸爸给你买。"爸爸说道。

"可是妈妈不让我吃巧克力，说这样对牙齿不好。"孩子说道。

"别听你妈的，偶尔吃一次巧克力没什么关系，只要不多吃就行了。"爸爸说道。

"可是……可是……"孩子纠结起来。

"可是什么，爸爸给你买，到时候出了事儿，爸爸给你扛着。"爸爸说道。

"真的？那吃巧克力去喽……"

看到上面的对话，你是不是也能从整个过程中看到自己的影子呢？有时候家长对孩子管教意见不统一，很容易让孩子从中钻到空子，最终达不到真正教育的意义。孩子还没怎么着，两个大人之间先起了争执，这实在不利于孩子后期的成长。

父母教育孩子的态度不一致，会带来哪些危害呢？

首先，会直接影响父母的权威性。当父母的教育意见不统一时，尤其是在孩子面前发生争执甚至彼此否定对方的时候，孩子会对父母产生怀疑，从而降低父母的威信，影响教育效果。

其次，造成孩子双重人格。父母在教育孩子的问题上发生分歧，一个向左，一个向右，孩子不知道究竟该听谁的，就会无所适从。但孩子会寻找自认为对自己有利的一方，谁对自己有利就听谁的。久而久之，就会造成孩子的双重人格，使孩子在妈妈面前一个样，在爸爸面前又是另一个样子。

再次，影响孩子的心理健康。父母经常因孩子的教育问题发生争执，就会使家庭氛围变得紧张，孩子在这样不和谐的家庭氛围中生活久了，就会变得谨小慎微，产生压力感，对成长不利，尤其是在心理健康方面。

此外，孩子的是非观受成人尤其是父母的影响，当父母经常因教育问题产生分歧的时候，孩子往往不知所措，长此以往，孩子的是非观就会变得模糊不清。

所以不管怎样，在教育孩子这件事上，父母一定要做到言行统一，才能把规矩定得天衣无缝。

巧巧是一个聪明的孩子，但唯独有一个毛病就是做家务不够勤快，所以妈妈给巧巧立了一个规矩，每到周末的时候，一定要抽出一天来打扫自己的房间。尽管巧巧心里很不愿意，但还是答应了下来。

眼看到了周末巧巧该打扫卫生了，可是她的心早就飞了出去，朋友乐乐给她打电话约她一起出去玩儿，眼下小家伙心里像长了草一样，根本就不想打扫卫生，于是她抱着试试看的想法找到了爸爸。

"爸爸，爸爸，我今天能不能不打扫卫生？乐乐约我出去玩儿了，我不能失约啊。"巧巧说道。

"可是你不是跟妈妈有约在先吗？说好每到周末的时候，就要先打扫好自己的房间，这件事，爸爸是支持的。"爸爸说道。

"可是爸爸，您能不能跟妈妈说说情，一次，就一次。"巧巧央求道。

"不行，我和你妈妈都是这个意思，自己的事情自己做，想要和乐乐玩儿，就先把自己的事情做好，要不然就不可以出去。"爸爸严肃地说。

"爸爸……"巧巧的语气中充满了怨气。

"无论是你妈妈还是我，我们的意见是一致的，不要觉得你妈妈面前许下的承诺到我这儿就不生效了。"爸爸说道。

听了爸爸的话，巧巧知道自己不打扫卫生就没有希望出去玩儿了，于是垂头丧气地回到房间拿起了扫把，开始打扫卫生了。

很多时候，孩子跑到妈妈面前说一套话，又跑到爸爸面前说一套话，不过是利用自己的小聪明，在那里试探性地做一些小动作，看看爸爸妈妈到底什么反应。假如这个时候，爸爸妈妈的口径不一致，孩子便觉得自己有利可图，于是小动作就会越来越多，不但不利于规矩的设定，还很有可能在爸爸妈妈之间制造诸多分歧和矛盾。

曾经有个朋友感慨道："其实与老公从谈恋爱到结婚，真的没有吵过架，也没有闹过矛盾，但自从有了孩子，我们两个总是会意见不合，最后忍不住就要吵上几句。后来有一次看到孩子将门开了一个小缝，抱着玩具在那里傻傻地看着我们俩，我们才意识到问题有多么严重。从此以后，即便是在教育孩子上有分歧，我们俩也都尽量避开孩子，对于给孩子定规矩这件事也达成了一致，当着孩子的面一定要态度一致，有什么不同意见私下沟通。"

作为父母，即便是在一些教育问题上存在分歧，在孩子面前也一定要注意保持口径上的统一，要让孩子知道，爸爸妈妈对他的教育态度是一致的，绝对没有任何的空当可以钻，凡是定好的规矩，就一定要准时地照着去做，除此之外没有任何条件可以谈。而事实上，当这种概念被孩子接受以后，父母在教育孩子的时候，就比以前顺利多了。

6 营造好的氛围，让好规矩即时生效

有些孩子说："每次爸爸妈妈给我定规矩时，家里就充满了紧张气氛，看见他们一脸严肃的样子，我真的好害怕。每到这个时候，我就会呼吸急促，好像大难临头一样，哇！怎么才能从这样的境遇中解脱出来啊？"

很多爸爸妈妈觉得，在给孩子定规矩时，必然要有一个相对正式的家庭氛围，这样孩子才能记忆深刻，才可以达到一定的效果。但是很多时候我们并没有考虑到，这样的氛围孩子真的喜欢吗？如果不喜欢的话，会不会产生逆反心理呢？

牛牛这天从幼儿园回来，兴冲冲的他赶忙跑到厨房去找好吃的，却被早已做好准备的爸爸妈妈叫了过来，看着爸爸妈妈严肃的样子，牛牛不知道自己犯了什么错，只好拿着手里的零食，静静地坐在了一边。

看到牛牛已然安静下来，妈妈率先开了口："牛牛，今天爸爸妈妈要给你订立几条规矩，首先回到家以后，一定要先换上拖鞋，不要穿着小脏鞋在家里到处跑，地板脏了，爸爸妈妈还得打扫，你要珍惜别人的劳动成果。"

"此外，牛牛，你看过的那些漫画书能不能都收拾好，不要总是摊在床上，早上你去幼儿园了，害得爸爸给你收拾一通，我已经义务帮你收拾了很多次了，以后你能不能自己长点记性。"

"还有，家里的家务不仅仅属于爸爸妈妈，你也是家里的一分子，你需要积极地参与，比方说倒垃圾这样的小事情，随手出门的时候就处理了，也不会浪费你太多的时间，要帮爸爸妈妈分担一下。"妈妈说。

"还有……"

"够啦！"牛牛越听越生气，一把把零食摔到了地上。

"你们有完没完，不就是芝麻大的一点小事儿吗？我知道你们拿我当累赘了，觉得我耽误你们的时间了，我现在还小，等我长大了我就一个人自己搬出去住，再也不打扰你们了，哼！"

说罢，牛牛转过身径直走进房间，砰的一声关上了门。

看着牛牛这样的架势，爸爸妈妈也很生气，首先爸爸站起身来就去拍门："牛牛，你给我出来，有你这么对爸爸妈妈说话的吗？你要不出来，晚饭就别吃了。"

"哼，不吃就不吃，饿死才好呢，饿死给你们省钱省时间了。"

看看，这样的沟通模式，非但没有定好规矩，反而影响了一家人的和睦。作为聪明的父母，都应该成为营造良好氛围的高手，与其说找一个孩子不适应的氛围，不如让整个氛围更加和谐一些，即便是定规矩，也未必一定要在那么正式的场合。必定孩子还是孩子，他所能承载的压力远远在大人之下，在有压力的场合，不但影响到妈妈爸爸与孩子的沟通，还很容易对孩子的心理造成伤害。

圆圆的妈妈特别懂得给孩子定规矩的妙法，她在留言板上分享心得说：

圆圆这个孩子脾气很倔，想要让她听话，并不是那么容易，但好在每次我跟她定规矩的时候，她都不会有什么逆反心理，原因就在于我很会营造氛围。其实给孩子定规矩，并非一定要有多么正式的场合，陪她在街上漫步，或是走进她喜爱的蛋糕房，都可以是一个绝佳的定规矩的好机会。

有一次圆圆走进玩具店，看了心爱的玩具就爱不释手地要去拿，结果被我给叫住了，我问她："圆圆，玩具店里的玩具不能随便碰，即便再喜欢也不可以。"

"为什么？我很喜欢它啊。"

"因为现在妈妈还没有答应你把它带回家，如果我们不准备把它带回家，它就必须踏踏实实、安安全全地待在这里，如若不然，你不小心把它碰坏了，咱们就得拿着一个坏玩具回家，即便不用我们赔，喜欢它的小朋友也会拿着坏玩具回家，这样的行为很不好吧。"

当时圆圆的表情很复杂，但她还是放下了手里的玩具，从那以后，无论我们去哪儿，她都遵守承诺再也不乱碰东西了。

有些时候给孩子定规矩，未必要在很严肃的场合，作为父母，我们可以和颜悦色地和孩子达成共识，未必一定要装出那么严肃的样子，同时对于孩子出现的诸多问题，也不妨给他一个舒适的接受空间，让他开开心心地接受我们立下的规矩，这样才能达到事半功倍的效果。

7 明确违规后果，不遵守是要受罚的

很多爸爸妈妈跟孩子约法三章，每次孩子都会信誓旦旦地保证，但没过多久就故技重演，全然不认账了；每次想严厉地管教吧，看到孩子那可怜巴巴的小眼神就不忍心了，结果定下的规矩就好像泼出去的水，随着阳光的暴晒全都变成水蒸气了。

常言说得好，军令如山。定下的规矩孩子做好了，要奖励，没做好就要受到惩罚。作为父母，我们应该让孩子从小树立赏罚意识，让他们知道不遵守承诺将会付出怎样的代价，这样才能促使他们更好地成长。

毛毛是一个古灵精怪的小男孩儿，对待爸爸妈妈说的话，总是随口答应，

但过一会儿就当耳旁风全都忘记了。这个问题着实让爸爸妈妈头疼，每次有意提醒他说："毛毛，你不是答应爸爸妈妈不这么做了吗？"毛毛总是做一个鬼脸说："我好像不记得了。"

针对这个问题，爸爸妈妈认真研究了一下，觉得再这样下去肯定不行，否则会影响毛毛今后的成长的，于是他们研究了一个解决方案，给毛毛定下一条规矩，那就是倘若承诺做不到就要接受相应的惩罚。

起初毛毛根本不上心，对爸爸妈妈说的一切置若罔闻，直到有一天，当他看到自己所要接受的惩罚时才真的吓傻了。

这天毛毛本来答应妈妈不再在外面乱买零食了，结果一放学就跑到小卖部，买了可乐和零食，还堂而皇之地带着东西回了家。看到妈妈一脸惊诧的样子，毛毛毫不畏惧地说："哎呀，今天上学太累了，一出门肚子就饿了，好在有点零花钱买了零食吃。"

看到毛毛大摇大摆的样子，妈妈很严肃地对毛毛说："毛毛，咱们之前曾经说过，如果违背承诺的话是要挨罚的。"

"我不就是饿了吗？为什么要罚我？"毛毛愤愤地说。

"因为我们之前都约定好了，如果不信守规矩的话，就要受到惩罚。现在妈妈就惩罚你打扫一个月的卫生，同时扣除三个月的零花钱。"

"妈妈，你怎么这样啊？我不就是吃了点零食吗？……"

"这是扫把，现在就开始行动，如果这次再不信守约定的话，还有更严厉的惩罚。"

"妈妈，我……"

"别说了，不信守承诺的人，是没有理由讲任何条件的。"

看见没有条件好讲的妈妈，为了不接受更多的惩罚，他只好拿起了扫把。

作为父母，对孩子采取惩罚措施多半是因为不得已，每当看到他们可怜巴巴的样子，心里已经开始不忍心了。"呀，孩子还那么小，怎么能让他承担那么重的惩罚呢？""我是不是罚得太重了，会不会影响他的身心健康呢？""从惩罚那天起，孩子看我的眼神儿都变了，我觉得自己简直罪孽深重啊！"

每当有了诸如此类的想法时，首先要告诉自己一定要打住，对孩子实行惩罚措施，并不是爸爸妈妈的错，而是要引导他主动承担起自己的责任。孩子迟早会长大，迟早要拥有自己的人生，也迟早要担负起自己的责任，这些规矩，早知道比晚知道好，与其现在过分担心他受不了，不如一步步地去训练他，一步步地让他学会担负起自己的责任，对于孩子来说，此举一出，受用不尽。

对于经常不按规矩行事的孩子，父母不妨试试以下几种"惩罚方式"：

第一，罚静坐。

孩子违反了规矩，那么家长可以提前跟孩子约好，如果犯了某种错误，如总是在公共场合大吵大闹等，就要罚静坐一定的时间。时长可以根据孩子犯错的严重程度来决定。罚静坐并不会对孩子造成伤害，孩子心理上也容易接受。

第二，罚做家务。

如果孩子经常把屋里搞得乱七八糟，或者将沙发、衣服等弄得很脏，家长可以让孩子帮忙做家务，如扫地、洗衣服、抹桌子等，让孩子体会到做家务很辛苦，培养孩子良好的卫生习惯。

第三，罚画画。

如果孩子违反了规矩，家长可以罚孩子将自己犯的错误画出来，这样做能够加深孩子对错误的印象，这种惩罚方式比较委婉，可以保护孩子的自尊心。

家长需要注意的是，体罚孩子，不应该当着别人的面！尤其是孩子的同学和老师的面。不要进行人格侮辱式的体罚，比如说打脸、打屁股、罚跪、脱裤子等。体罚孩子的目的是要让孩子记住某些事情或道理，而不是为了摧残他幼小的心灵，让他的自尊受到伤害。

8 分内的事，
让孩子自己去做

前些时候，一部获得奥斯卡最佳动画短片奖的《鹬》火爆一时，在各大网站被不停地刷屏。想必有不少家长和孩子一起观看了这部时长仅仅六分钟的动画片：

旭日初升的海滩上，伴随着潮水的涌动，无数浮游生物、海藻、海螺、扇贝等海洋生物搁浅在陆地之上，等待它们的则是沙滩上饥肠辘辘的捕食者——鹬。

不远处的灌木丛里，一只刚出生不久的小鹬窥视着父母的一举一动，没一会儿，妈妈飞回巢穴，小家伙一如既往地张开嘴巴等着喂食，不过妈妈似乎决意要让孩子独立，一边将扇贝肉吃到肚子里，一边鼓励小鹬自己去海滩上找吃的。

没有办法，小鹬只好走向海边，初次来到海边的小鹬激动不已，它刚发现一只美味的贝壳，就被突然袭来的海浪瞬间淹没了，浑身湿漉漉的小鹬跑回小窝："自己找吃的太吓人了，我再也不去了。"

后来，在妈妈的鼓励下，小鹬战战兢兢地又一次向沙滩走去，而这时，它遇见了小寄居蟹，小小的寄居蟹教会了它在海浪中潜水的本领，小鹬看到了不一样的风景，还有到处都是的美味贝壳。战胜恐惧的小鹬开始在海岸边欢乐地觅食。

父母选择放手，朋友们的鼓励和陪伴，用新的视角看待自己的恐惧，满满的正能量，萌萌的小感动，想必这也正是这部短片风靡一时的原因所在。

作为家长，想必我们也会在这部动画短片中找到自己的收获。一直在爸爸妈妈翅膀下长大的小鸟，永远也学不会自己去觅食；只在老鹰呵护下长大的雏鹰，永远也不能翱翔天空。其实，孩子也是一样。如果孩子只是生活在父母的怀抱里，无法形成独立生活的能力，那么长大后，他将很难适应日益复杂的社会，更谈不上建功立业。

教育孩子，忌讳的就是放不开手，对孩子总是放心不下。真正懂得教育的父母，会大胆地培养孩子独立的生活能力，比如给孩子立一条规矩：自己的事，自己动手。同时监督孩子执行。从某种方面来说，这要比读书和成绩更重要。因为，父母不能跟随孩子一辈子，孩子终将独立生活，走向社会。

其实很多父母没有发现，所有孩子都有独立做事的欲望——两岁的孩子就会帮大人拿一些东西、为大人跑跑腿；三岁的孩子自立愿望就已经非常强烈了，什么事都想去干。但孩子的年龄太小，认知能力与动手能力都很差，因此常常会把事儿办砸。这种"可爱"的错误，会随着孩子的慢慢长大而避免。

但是，很多父母却认识不到这一点，总是想替他做这儿做那儿，以免出现失误。家长代替孩子做事，不仅不会给孩子带来幸福，相反，孩子还会因为失去自己做事儿的机会而苦恼，很多能力就此被扼杀。久而久之，孩子就会呈现出懒惰的特质，什么事情都等着父母来做，连最基本的"流自己的汗，吃自己的饭"都成了一件困难的事情。

无论孩子动手做什么事情，第一体验可能不是成功，而是失败。这时作为父母最忌讳说的话就是："你怎么这么笨？""还不如我自己干呢！"这些话不仅会打击孩子的积极性，而且会给孩子留下自立的阴影，耽误孩子的成长和独立。而那些智慧型的父母则会鼓励孩子："找找没有成功的原因，再仔细地想一想，你一定行的。"这样的鼓励会使孩子尽快从失败的阴影中走出来，继续自己独立自立的步伐，并且最终培养出自己强大的独立生活能力。

9 让孩子定时反省，学会自我总结

古人云："吾日三省吾身。"说的是一个人要学会自我反省，才能总结自己的对错和得失，从而提高自己的品行。然而对于孩子来说，他们并不明白这个道理，遇到问题的时候，通常会下意识地从外部找原因，如果父母平时不去有意识地加以纠正，对于孩子的成长就会造成不好的影响。

唐东和小涛是穿着开裆裤一起长大的两个孩子，一直都形影不离。同时，他们俩性格也都相近，都是活泼开朗，要强好胜。不过他们俩在为人处世的方式上截然不同。

读小学四年级的时候，唐东和小涛被分到了同一个班里。这时候，两个好强的孩子都想当"官"。可是，老师只给了他们俩每人一个无足轻重的"职位"：唐东是体育委员，小涛是劳动委员。虽然如此，小涛什么也没说，只是默默地做着自己该做的工作，而且很爱帮助同学，比如作业不多的情况下，他会留下来和做值日的同学一起打扫教室卫生；有的同学课桌螺钉松了，他会找扳手来拧紧……不到半年的时间，小涛深得老师和同学们的好评，下学期班干部换届选举的时候，小涛被民主选举当上了班长。

而唐东则不同，他先是抱怨体育委员很辛苦，又不讨好，后来连自己的本职工作都懒得去做了，喊操的时候常常无精打采，一段时间后，被老师撤了职。

看完这个案例，可能你会说，现在像小涛这样的孩子实在是不多呀！没错，我们身边的确更常见的是唐东这样的孩子，他们在对待生活和学习的时候，常常抱怨自己学习不好、抱怨老师偏心、抱怨命运的不公平，却很少反思自己：我有哪些地方做得不够好，有什么缺点需要改正？

身为父母，我们需要认识到这一点。所以，在孩子成长的过程中，督促孩子去反思自身的问题，让孩子做一个能够自我反省和自我修正的孩子，只有这样，他才能更好地成长。

首先，犯了错误就必须接受批评。

法国心理学家高顿通过一项专题研究证实，那些难以接受批评的孩子长大后，大多会对批评持"避而远之"或干脆"拒之门外"的态度。但是，现在看来，我们的孩子大多是喜欢表扬，而很讨厌批评的。因此，为了让孩子将自我反省运用到成长的过程中，父母就有必要让他学会接受别人善意的批评。这不仅能够塑造孩子完整的人格，而且可以帮助孩子在其他方面取得成功。

其次，必须要总结经验教训。

事实上，总结经验教训就是对自我行为的一种反省。例如，一个孩子和小朋友之间产生了矛盾，如果他在打架的时候吃了亏，那么他会考虑："上次和别人发生矛盾，我用'武力'来解决问题，结果吃亏了，被人家打了。那么以后再遇到同类的问题，我是不是能找到更好的解决办法呢？"

此时，父母必须督促孩子进行思考和总结，一旦孩子学会了经常总结经验和教训，就等于他已经学会了自觉地进行反省，这对他的人生将会起到极大的作用。

最后，引导孩子学会预见事物的后果。

由于孩子想法单纯，有时候他们做事会很冲动，根本不考虑后果，或者说他们能够预见到的后果和成年人能够预见到的是不一样的。这时候，就需要父母给予适当引导，如果孩子还不能和你一样思考问题，那么你不妨让孩子尝试一下，可能会得到出乎孩子意料的结果。到那时，孩子就学会反省自己的行为了。

不管对于大人还是孩子，学会总结和反省都是相当重要的。纵观古今中外，很多成功人士在介绍自己的成功经验时，都会提到自我反省的能力。对孩子来说，自我反省的能力不仅能加快孩子成长的脚步，还会让他在生活的方方面面做得更加完善，从而可以扬长避短，发挥自己的最大潜能。因此，作为父母一定要赶快行动起来，给孩子立下定时总结、定时反省的规矩，培养孩子的自我反省能力！

第二章

德行为先，成就规矩的最佳蓝本

《素书》有云："德足以怀远。"凡是心怀远大的人，都是要先从"德"这个字上打根基的。德是规矩的最佳蓝本，每一条规矩都是道德最真实的诠释。品行是做人的根本，善良的孩子对世界有本能的热情与爱护，对丑恶有强烈的憎恶，这都是他们人格的支柱和品行的体现。每一个好妈妈，都希望自己的孩子能够与众不同，而与众不同的开端则在于塑造他们的德行。昔有孟母为儿之德行举家三迁，作为今天的母亲，我们又应该怎样为孩子有个好品质给孩子立规矩呢？

1 "做人"比"成才"更重要

我国著名教育家陶行知先生曾经说过："千教万教，教人求真；千学万学，学做真人。"可见，做人是教育的第一要务，也是教育的根本任务，更是家庭教育的根基所在。

因此，真正智慧的父母就要把培养孩子成"人"放在比成"才"还要重要的位置上，将孩子培养成具有独立人格和各种优良品质的人，这样的孩子在长大后才能被称为真正的"人才"，才能够适应不断变化发展的社会和时代。

贝贝的爸爸开着大公司，属于成功人士。由于父母都忙于工作，贝贝就由保姆照顾。有一天，贝贝的妈妈穿了一件非常漂亮的外套，保姆阿姨直夸好看。等妈妈走后，贝贝就问保姆："阿姨，你喜欢妈妈那件衣服吗？""当然喜欢啊，但是阿姨买不起，也没想过穿那么漂亮的衣服。"保姆很真诚地说。

第二天，妈妈出门后，贝贝就擅作主张，将那件衣服送给了保姆。当贝贝妈妈知道后大发雷霆："你凭什么把我那么贵重的衣服送给别人？她能给你什么？"

贝贝妈妈的教育方式很明显是错误的，作为父母，她教育自己的孩子要有目的性地去与人交往，这样定会将孩子教育成一个贪图小利的人，这样的人是不会有真正的朋友的。

而正确的教育方式是，当贝贝那样做的时候，她的妈妈要先夸奖自己的女儿懂事，鼓励她那是正确的做法，然后再说其他的，比如"你要将妈妈的东西送人就应该先同妈妈商量，否则是不对的"。

其实，发生在孩子身上的很多问题很多时候被成人认为是小事，孩子不懂得和小朋友或家人分享，就说"孩子还小，大了就好了"；孩子随意抢别人的玩具、随便打人，说"孩子还小，不懂事，大了就好了"；孩子吃饭时不好好吃饭，随意浪费粮食，说"这是小事，孩子还小，大了就好了"。

然而，这些对于孩子而言都不是小事，有一句老话是"三岁看大，七岁看老"。孩子幼时看似微不足道的小问题，却可能对他有深远的影响，而一个良好的行为也会为他以后的人生带来很多的利益。

在一个由众多诺贝尔获奖者参加的会议上，一位记者问一位诺贝尔奖得主："你在哪一所大学里学到了你认为最重要的东西？"

"在幼儿园。"被提问者回答。

"那时学到了什么呢？"记者问。

"学到把自己的东西分一半给小伙伴，学到不是自己的东西不要拿，学到做错事情要表示歉意，学到要诚实不说谎……是这些品格帮助我日后走向了成功。"

的确，幼儿园里学到的东西在成人看来都是微不足道的事，然而，这些小事却极大地影响了一个人日后的成功。

父母不要以为"树大自然直"，如果不注意从小事中培养他良好的品行，而是放任他的小缺点，等到孩子慢慢长大了，他的小缺点就会被放大成大的缺点。而孩子小时候的小优点如果加以保护和鼓励发扬，随着他的成长，也会放大成大的优点，因此在日常生活中，不妨给孩子立下一些规矩：

首先，要告诉孩子，别把小事不当回事。生活中，哪怕是再小的细节，只要关乎做人做事的态度，作为父母就一定要重视，要让孩子意识到问题的严重性。

其次，要让孩子明白：己所不欲，勿施于人。这一点作为父母首先要以身作则，不可以将自身的观点和看法强加在孩子身上，而应该为孩子提供良好的成长环境。如果说家是孩子来到这个世界的第一所学校，那么父母就是他们的第一任老师，父母的言行举止、说话的语气和面部表情都会对细心的孩子产生很大的影响。

总之，在培养孩子的过程中，父母需要有一颗善感、善悟、善思的心，能够抓住孩子在小时候的每一个好的或坏的苗头，进行正确的引导，就像尊重一棵树苗的生长规律并用心呵护和浇灌、培养它，相信它终究会成长为一棵参天大树。

2 孩子的公德意识要从小培养

如今许多孩子都是独生子女，这些孩子的通病是生活、学习独立性差，缺乏自我管理能力，容易给人留下散漫的印象，尤其是有些孩子从小被父母护着，在公共场合也是想怎样就怎样，丝毫没有公共道德意识，也正是因为这个原因，才有了新闻中那么多的"熊孩子"。

最近汤冬的爸爸很是烦恼，因为接到班主任的电话，班主任对汤冬的意见表达比较委婉，但还是用了一个在汤冬爸爸看来挺严重的词："散漫"。据说汤冬上课时总是不太安静，跟旁边的同学说话，把凳子弄出声响，不专心听讲；课外活动则喜欢搞破坏，课桌、走廊的画框之类被他弄坏了不少；等等。

虽然汤冬的成绩还算不错，但是这种既影响自己又影响他人的坏习惯，让汤冬的爸爸很是郁闷。毕竟孩子已经到了学会自我管理的年龄，其实什么事情该干，什么事情不该干，他心里都是知道的，只是在自我管理这方面做得太差。毕竟散漫给别人的印象是很不好的，说严重点其实就是缺乏公共道德，如果任由孩子自己散漫下去，无疑会对他的性格形成产生很大的影响，性格的形成是不可逆的，汤冬爸爸觉得这并不是一件小事，需要尽快解决。

汤冬爸爸的体会相信不少家长也会有，对于每一个人而言，从幼年到成年是一个漫长的过程。在这个过程中，如果一个孩子缺乏自律和道德观念，不对自己的言行进行适当的约束，任性放纵，想干什么就干什么，就会导致孩子人格的偏离，影响自身的健康成长，严重者会导致违法犯罪，造成对他人和社会的危害。

我们必须让孩子明白，习惯这个东西是会跟着一个人一辈子的，一旦一个人养成了散漫的习惯，今后无论做任何事，都会受到这个坏习惯的影响。相信每一位家长都希望自己的孩子能够认识现实生活中的真、善、美、假、恶、丑，然后，明白为什么要这样，明白了这些，孩子就会知道，散漫对于一个人的影响有多坏，而自我管理和坚强的意志对于一个人的发展帮助有多大。

身为父母，无不希望自己的孩子成为一个独立的、有着良好社会公德的人，而这也是父母们终生的责任和事业。

如果注意一下，我们不难发现生活中类似这样的场景：

在公共场所，孩子无所顾忌地大喊大叫、乱发脾气，或者和同学大声谈笑；
在游乐场所玩运动器械，不排队、加塞儿；
小区花园里，孩子见盛开的鲜花漂亮，随手就摘下一朵，然后把玩；
七八岁的孩子坐在地铁里的座位上，而父母背着沉沉的背包站在一旁。

诸如这样的场景总会时不时跃入我们的视线，而当遇到这样的孩子，我们也总是会摇摇头，甚至说一声："真没教养。"更有甚者会把矛头指向孩子的父母：

"这家长怎么当的，看把孩子给教坏了！"

没错，孩子之所以如此，的确是父母教育的结果。古语所说"养不教，父之过"也正是这个道理。如果我们想要孩子摆脱散漫的习惯，从小具备公德意识，家长就应该主动改变自己的教育方法，提高孩子的自我约束能力，唯有经过日久天长的行为约束，方能使孩子在被动的受制约过程中逐渐养成主动约束自我的规矩。

当然也要注意教育的方法，很多家长热衷于传统的"你应该做什么，不该做什么；你这样做不对……"教育方式，让许多孩子只懂得被动地接受管束，却缺乏自我约束的意识，一旦脱离了家长的管理，就会出现种种问题。随着孩子年龄的增长、能力的提高、活动范围的扩大，公德心和自我约束的能力越来越重要。

因此，家长要从小灌输给孩子正确的价值观念，让孩子学会用社会规范、道德准则所赞同的观念来约束自己，让孩子有意识地多接触各种规则，如游戏规则、交通规则等，从而让孩子明白该如何去约束自己的行为。例如，当孩子犯错误的时候，父母不要过分庇护；当孩子破坏公物、随地扔垃圾的时候，父母要及时制止，并告诉他不可以那样做；当孩子过马路的时候，父母要时刻提醒孩子"红灯停，绿灯行"的规则……日积月累，你的孩子自然就会成为一个遵纪守法的好孩子。

总而言之，一个孩子是否具备良好的社会公德意识，将直接影响到他未来能否建立起良好的人际关系、能否获得良好的社会地位等。因此，父母们有必要从生活中的点滴小事做起，一点点培养孩子成为一个具有良好社会公德意识的人。

3 "偷"这件事，
永远不要让孩子沾

古人云："富之教子，须是重道；贫之教子，须是守节。"可见，古时候人们就十分重视孩子的教育，指出了穷人、富人教育孩子的侧重点不同。这些观点，对于我们今天的教育仍然具有重要的指导意义。

现代社会物质生活极大丰富，子女是父母、祖辈的掌上明珠，往往一个孩子身边围着六个大人转，孩子像个皇帝似的，过着饭来张口、衣来伸手的好日子。在这种环境中教育出来的孩子，往往缺乏健康完善的价值观的指导。但是，你知道吗，这些做法对孩子产生了严重的负面影响，如缺乏人生理想、乱花钱、虚荣心强、贪婪、自私等。一旦物质需求得不到满足，孩子可能会伸出自己的"第三只手"，偷取别人的钱财。

几年前，凯凯家很富有，他的爸爸妈妈靠做生意积累了大量财富，住着花园别墅，开着进口名车。可是他们忙于自己的投资，对孩子照顾不多，花在孩子教育方面的时间更是少得可怜。为了弥补对凯凯的情感欠缺，他们每月给凯凯几千元的零花钱。

凯凯有了这笔钱，趾高气扬。平时别的同学都吃食堂，他天天下馆子；文具天天换，天天买；身上穿的衣服和脚上穿的鞋，统统名牌……甚至有时候他连作业都不做，花钱雇他的同桌写，他自己则跑到网吧里上网打游戏。

可是好景不长，过了两年，由于妈妈的一次风险投资，赔光了所有的钱，凯凯手头不再有那么多的零花钱。崭新的文具，名牌的服装鞋帽，这些都是他一直习惯的，可是没有了那么宽裕的零花钱，他无法支付这笔不小的开支。别人的好东西对他来说简直就是诱惑，他无法不令自己去看、去想，于是，他想出了办法，来满足心里无底的欲望。

起初，他只是拿同学的文具，没有被发现；慢慢地，他胆子大了，利用上体育课或者午饭时间，翻同学的书包，拿人家的钱；再后来，他勒索低年级的小学生……

学校里的"小钱"他越来越不放在眼里，转而去人群中偷手机！终于，他在偷盗隔壁家的笔记本电脑时被当场抓获。

对金钱的贪欲彻底断送了凯凯的前途和人生，这样的结局不是我们想看到的，可是却千真万确地发生着。是什么让孩子走上了这样的结局？是金钱带来的贪婪和欲望让一个孩子彻底丧失了理智，把人性的贪婪彻底表现了出来。所以，作为父母，一定要加强对孩子的教育和监督，不要让孩子迷失在金钱里，而要让孩子成为掌控钱财的主人。

首先，作为父母要引导孩子树立正确的金钱观。告诉孩子，钱是日常生活中必不可少和难以代替的，我们吃穿住用都离不开它。但在让孩子意识到金钱的重要性时，还要让孩子知道，金钱只是一个为我们提供实现愿望和理想的工具，它并不是万能的，并不是有了钱就拥有了一切美好的东西。

其次，要让孩子学会合理、正确地使用钱，把它花在该花的地方。让孩子知道，如果不能合理地使用钱，把钱浪费在一些奢侈的地方，那么就是金钱的奴隶。不铺张，不浪费，自食其力，勤俭节约，这是家长和孩子共同的用钱原则。

再次，父母要及时纠正孩子的陋习。中国有句古话叫作"小时偷针，大时偷金"。如果一个人第一次偷东西成功了，就会想着再干第二次；第二次成功了，又会想着做第三次。久而久之，越偷越上瘾，越偷越大，终于有一天被抓住了，甚至免不了牢狱之灾。所以，父母在教育孩子的时候一定要注意观察孩子的言行，及时纠正孩子的一些不良行为。

总之，在日常生活中，父母要对孩子进行"金钱与道德"的教育，使孩子懂得：君子爱财，取之有道。贪财的人，不讲道德的人，必然会受到法律的惩罚。父母若能早发现、早提醒，明确告诉孩子哪些是不能做的，就会让孩子少走弯路，更加健康快乐地成长。

4 言而无信，不是真君子

周五晚上，小辉的妈妈回家后，从包里拿出两张朋友送的《熊出没》的电影票。小辉见了惊喜不已，这可是他最近最期待的事情。

兴奋中，小辉只简单吃了几口饭，便和妈妈下楼，准备一起去电影院了。刚到楼下，小伙伴舟舟的妈妈看到小辉，热情地说："舟舟已经准备好了，时间也差不多了，现在去我家怎么样？"

这时候，小辉的妈妈已经把车开过来，停在儿子身旁。两位家长打过招呼之后，妈妈发现儿子明显有些不自在，就问道："有什么事吗？"

"我本来……和舟舟约好……今天……去他家玩'打怪兽'的游戏。"小辉吞吞吐吐地说。

妈妈接着问："既然你已经和他约好了，为什么还和妈妈去看电影呢？"

小辉有些难为情地说："我太想看《熊出没》了，所以，我就不想去和舟舟玩了。"

尚未离开的舟舟妈妈笑着说："原来你要去看电影啊，既然你这么想去，那就和妈妈去好了，等有机会再去我家。"

但是，小辉的妈妈却没有同意，她认真地对小辉说道："你知道吗？你这样做，只能说明你是个不讲信用的人。答应了别人的事不去做，以后别人还怎么会信任你呢？"

小辉点点头，他坚定地对妈妈说："今天不去看电影了，我要遵守诺言，去找舟舟。"

可能有的家长认为，小辉的妈妈做得有些过了，为了孩子和小伙伴约好一起玩耍，便让孩子放弃喜欢看的电影，白白浪费一次机会。其实，这样做看似"损失"不小，但对于培养孩子的言而有信的品质来讲，这点损失实在微不足道。

试想，如果小辉的妈妈带孩子去看了电影，虽然满足了孩子的需求，也不至于浪费电影票，但那样必将丧失一次让孩子建立诚信意识的大好机会。

如果一个孩子缺乏诚信意识，那么他可能会因为掩盖自己的不诚信行为而编出谎言，而谎言又将是个无休止的行为，一个谎言后面需要许多个谎言来圆谎。

这样一来，孩子将成为一个怎样的人，简直不堪设想。所以说，要想让孩子成为一个讲诚信的人，父母就得在生活中注重一点一滴的培养。

作为父母要知道，家庭教育中的诚信教育绝不仅仅是家庭的责任，它还关乎未来公民素质的培养，是每个家庭在社会文明进程中应尽的义务。

下面，我们就来看一下，父母应该如何来培养孩子的诚信意识。

首先，孩子和伙伴及他人之间的约定一定要践行。

孩子们之间也会像大人一样，彼此做出一些约定，例如放了学一起去游乐场玩耍，周末的时候一块儿到哪个同学家温习功课等。如果父母知道这些情况，就要监督孩子的行为，让孩子履行诺言。同时，父母如果有别的安排，除非不得已，否则不要随便打乱孩子的计划，而应为孩子提供便利，对孩子履行约定的行为提供支持。

其次，及时表扬孩子的诚信行为。

孩子可能并不知道"诚信"一词的概念，但他们却往往能够在无形中表现出诚信的行为。这时候，虽然是孩子的无意识行为，但父母如果进行表扬和鼓励，必将大大强化孩子这方面的意识，也就更容易使之成为一个言有信、行有果的好孩子了。

最后，父母要树立讲诚信的榜样。

虽说大多数父母都知道讲诚信的重要性，但并不是所有人都能做到这一点，特别是面对孩子的问题时，有些家长会秉持"孩子好糊弄"的观点，经常对孩子食言，答应孩子做什么，到头来却并没有付诸行动。

一位著名的教育专家曾经表示，真正的诚信就是一块闪光的"金字招牌"，它能让那些透过灰尘看见金子本质的慧眼对它刮目相看。一个从小就懂得讲诚信的孩子，他就会在交际上赢得朋友，在工作中拥有伙伴。所以说，一定要从小教育孩子讲诚信，给他们的成长历程打上"言而有信"的标签。

5 为什么孩子老爱欺负别人

很多家有淘气小鬼的爸爸妈妈多少都经历过这样的事情：正上着班，忽然就接到老师的电话说："你家孩子怎么回事儿，怎么老欺负别人？"于是心中既愤恨又无奈，心想："这个小鬼又开始在学校给我惹祸了，看我回去不好好收拾他。"

可是收拾来收拾去，真的能达到效果吗？据不完全统计，50%的调皮捣蛋鬼在接受了几次父母的"收拾"以后，变得越来越无所顾忌，反而破罐子破摔，比以前行动更猖獗了。有些孩子甚至在行动上变本加厉，即便是老师也拿他们没有一点办法。

爱欺负人的小朋友，身边自然也就没有朋友，很多小朋友都对他敬而远之，不愿意与他一起玩儿，生怕跟他在一起会成为下一个被欺负的对象。于是这样的孩子性格就会越来越孤僻古怪，越是没有人理会，他就越是要搞出一些事情来吸引别人的注意，于是欺负人的事情就开始越做越上瘾。所以针对这个问题，爸爸妈妈应该早做打算，将孩子重新引导到健康成长的轨道中来。

多多从小就长得非常强壮，生性又活泼好动，所以在小朋友中总是一副老大哥的样子，一旦别人有半点不遂他的心，他就变着法儿地欺负对方，搞得小朋友委屈得大哭，纷纷去老师家长那里告状。老师和很多小朋友的家长就纷纷找到多多的父母，严肃地警告说如果多多再欺负人，就一定要采取相应的措施。

于是妈妈拉着多多回到了家，严肃地问："多多，怎么就不能和小朋友和谐相处，为什么动不动就欺负人啊？"

"谁让他们不听我的呢！"多多说，"不听我的我就不高兴，我就得整治他们，直到他们听我的才行。"

"为什么别人一定要听你的？"妈妈说道，"小朋友是一个独立的个体，为什么要强迫别人？"

"我不管，他们就得听我的！"多多回答。

"多多，你知道吗，在这个社会上，欺负人的人都没有好的结果，用善意的方式对待别人，别人就会亲近你、帮助你，用恶意的行为去对待别人，大家都会疏远你、不理你，等到你真正需要帮助的时候，身边连一个得力的帮手都没有，大家都在旁边看着，看你会遭受什么样的惩罚，你想想看，这样的滋味好受吗？"

多多听了，不再多说话，而是低下了头。

"所以，多多，妈妈今天就要给你定一条规矩，要用善意的方式对待身边的小朋友，即便小朋友没有按照你的想法去做事，也要秉持着征求意见的方式，客气地对待别人。这样你和小朋友才能和睦相处，这样多多身边的好朋友才会越来越多，你说是吗？"

听了妈妈的话，多多点点头，从那以后，多多对身边的小朋友客气了很多，老师也夸奖多多越来越懂事了。

很多时候，孩子有欺负人的习惯，主要原因就在于自己过于强势，而强势从心理问题来说还是一种缺乏安全感的表现，他们渴望一切事情都能驾驭在自己手里，所以一旦有谁没有按照自己的想法去做，他们就会自动进入攻击状态。基于这个问题，爸爸妈妈要引导孩子如何最大限度地在交往中获得安全感，要引导他们用最善意的方式去与别人沟通交流，用自己的爱心去赢得尊重和安全感。

所以，爸爸妈妈在定规矩的时候，一定要让孩子知道欺负人会给自己带来多么严重的影响，引导他们引以为戒，尽可能地不要动不动就用武力解决问题。我们知道，这个世界并不是以武力取胜的，拿出自己的一份善心，让别人体会到真正的温暖，才是这个世间最为正确的生存之道。

6 孩子不愿意伸出援手怎么办

这个社会需要互帮互助、奉献爱心，不管一个人有多强大，都不能独自在这个世间生存，人类本身就是团结互助的群体，在别人需要帮助的时候搭上一把手，在别人不知所措的时候，给予力所能及的援助，都可以换来很好的人际关系。然而现在许多孩子，在家里都享受着独一份的恩宠，总是希望别人给予自己更多，而自己却不愿意付出，明明可以帮得上忙的事情，却不愿意伸出援手，每当父母问他们的时候，他们总是一脸不屑地说："我为什么要帮助他们，他们能给我带来什么？"每到这个时候，我们都会感慨：如今的有些孩子怎么比咱们这些做家长的都现实？

常言说得好：一方有难，八方支援。想要赢得别人的帮助，就要先伸出援助之手，想让别人怎么对待你，你就要怎么对待别人。所以作为父母，我们应该从小给孩子立下规矩：当别人需要帮助的时候，千万不要吝惜自己的帮助，而且要不求回报地帮助别人；否则，当自己出现困难的时候，就会发现那种孤立无助的感觉是多么可怕。

若若眉目清秀，看起来人见人爱，却有着自私的毛病，自己出现问题的时候，就会哭着喊着寻求帮助；但每当其他小朋友遇到困难的时候，她却视而不见。每当有人问起的时候，若若总是不屑地说："我为什么要帮助他？"

于是，若若身边的小朋友一个个都改变了对她的态度，每当她需要帮助的时候，大家也都视而不见，即便是若若哭喊着想要寻求帮助的时候，小朋友们也说："你上次都不帮助我，你那么自私，我为什么要帮助你啊？"

针对这个问题，老师找到了若若的妈妈，并将若若的情况告诉了她，妈妈听了老师的话以后，决定好好地跟若若谈一谈。

一天，妈妈把若若拉到身边说："若若，最近妈妈学到了一句话，觉得对你非常有帮助。"

"什么话？"若若问道。

"古语云：得道者多助，失道者寡助。"

"妈妈，什么意思啊？"若若问道。

"这句话的大致意思就是，有道德的人，经常向别人伸出援手，别人都愿意帮助他；没有道德的人，不愿意帮助别人，大家就会疏远他，不愿意帮助他。"妈妈说道。

听了妈妈的话，若若陷入了沉思，想到小朋友们纷纷疏远自己，脸上顿时显现了愁容。

"若若，妈妈知道你有一个毛病，就是不爱帮助别人，每到小朋友需要帮助的时候，你总是扭过头去视而不见，这可不是一个好现象，人活在这个世间，是不可能孤立存在的，总会有一些事情需要别人的帮助，今天你帮助了别人，明天别人自然也会帮助你。所以今天妈妈给若若定一个规矩，倘若身边的人需要帮助，绝对不能袖手旁观。"妈妈说道。

"可是有时候我帮助了别人，也没得到任何好处啊！"若若说道。

"若若，帮助别人是一件快乐的事情，你要学习训练自己，无所求地去帮助别人，当别人从痛苦中转危为安的时候，你就能体会到一种莫大的成就感，这种成就感是跟若若的快乐挂钩的，只要若若自己快乐，为什么在乎额外的好处呢？"

听了妈妈的话，若若点了点头，第二天，在有个小朋友不小心摔倒的时候，若若就主动伸出了小手，起初大家都很惊讶，若若竟然会帮助别人了，但后来，随着若若帮助小朋友的事情越来越多，大家才意识到，这下若若是真的改变了，从此若若就成了小朋友中最受欢迎的一分子。

很多孩子只知道自己需要帮助的时候要向别人索求，却不知道在别人需要的时候帮助别人，因为之前没有过这种经历，所以在亲近了更多小朋友的时候，就要学会锻炼这种能力；如若不然，时间长了，自我孤立，必然会影响孩子的心理健康。

爸爸妈妈要告诉孩子，帮助别人是一件很快乐的事情，助人为乐是这个世间最珍贵的美德。当你伸出援手的时候，意味着未来将有更多的手伸向你，只要孩子了解到其中的道理，就一定会认真地去做，并不断地收获到更多的快乐和友谊。

7 怎么抑制孩子在家称王称霸

在生活中我们会发现，但凡在溺爱中长大的孩子，对待家人都是"横行霸道"的，为什么呢？因为一发脾气、一哭闹，孩子的要求家长就会满足，长期下去，孩子就知道自己本身就是威胁家长最好的法宝，所以在家里横行霸道也就理所当然了。

有的家长抱怨说，孩子在幼儿园里是"乖乖兔"，甚至还有点胆小，可回到家，他就是老大，说一不二。不能听别人说他哪些方面做得不对，否则，他就躺地上哭闹！这样的情况让家长不胜其烦。有的家长出招说："躺地上别拉他，你扭头就走，随他去，不能老惯着，长大点真的就管不了了。"

孩子在家里称王称霸，动不动就对家人发脾气、使脸色，甚至打骂家人；而在外面，没有人会像父母家人那样对孩子事事顺从，孩子知道自己在家里的那一套没有效果，自然也就不会再用了。

我们还经常会看到，有的孩子打自己妈妈，可妈妈一点都不发火，下回孩子可能还会更蛮横，可到了外面他知道没人惯着他，害怕挨揍，所以很乖。如果有天他在外面也像在家里那样霸道，父母就该反思是否不经意间助长了孩子的嚣张气焰。

周末，圆圆妈妈在厨房做午饭，听见圆圆突然在客厅喊："姥姥，你快走开，你挡着我了！讨厌！"

原来，圆圆正在看动画片，姥姥到电视柜里拿东西，无意中挡住了电视画面，圆圆立刻冲姥姥喊了起来。

妈妈很生气，批评圆圆不能这样跟长辈说话，要求圆圆道歉，可圆圆就不听，姥姥则在一边不停地说："让她看，让她看，别跟孩子计较。"

午饭做好了，圆圆一屁股坐在饭桌前。

"姥姥，快给我拿筷子。"

"姥姥，我要吃米饭，给我盛饭。"

姥姥被"指挥"得团团转，圆圆妈妈在一旁无奈地摇摇头。

上面说到的圆圆妈妈在外面非常温柔贤淑，从不与人争吵，是同事们公认的贤妻良母。殊不知在家里，圆圆妈妈却是个急脾气，动不动就冲老公和圆圆吼叫，完全是另一副样子，也可以说是个"窝里横"。

圆圆每天看到妈妈的表现，耳濡目染，自然会从妈妈身上得到暗示——我在外人面前是需要收敛情绪的，但是在家里就可以肆无忌惮，反正家人也不能把我怎样。

家里有个"窝里横"的孩子，到底该怎么办？

其实父母们也不用太着急，解决办法还是有的，下面给大家支几招，做到这些，孩子一定不会"窝里横"。

首先，父母要做好榜样。如果父母在外和颜悦色，回家就把暴脾气发泄给家人，孩子很容易就耳濡目染。而且家长一定要坚持原则，懂得拒绝，不能随便满足孩子的各种要求。孩子犯错时，该道歉道歉，该承担责任就勇敢地承担，不可纵容。

其次，父母不要总给孩子特殊待遇，将他们捧得高高在上。时间久了，只会让孩子越来越自私，对父母长辈越来越放肆。应该多带孩子出门与同龄人交往，让他们在跟小伙伴的交流中，培养与人交往的能力。当孩子在交往中发生争吵时，只要没有危险，父母最好不要干涉。遇事让孩子自己试着去解决，以培养他的责任心和自信心，减少依赖性。

最后，多让孩子和同龄小朋友接触。家长要创造机会让孩子多接触同龄人。不管是大人还是小孩儿，与人交往都不是天生就擅长的。每个人都是在不断地学习和成长。对于那些"窝里横"的小朋友，其实就是缺乏在外锻炼的机会。家长创造机会让孩子多接触同龄人，在交往中互相取长补短，提高人际交往能力及社会适应能力，养成良好的性格。当孩子在交往中遇到矛盾和纠纷时，家长可适当给予抚慰，并帮助孩子分析事情发生的原因，找出自己或别人的不对之处，明辨是非后，妥善处理，让孩子在之后的相处中不断去总结和反思，从而改变"窝里横"的状态。

总之，教会孩子与自己的情绪相处，可能不会一次就有效，但要经常鼓励孩子说出自己的情绪，在这个倾诉的过程中，孩子的情绪得到了释放，也会逐渐学会管理自己的情绪。

8 不要让孩子变成童话里的"匹诺曹"

德国有句名言：生命不可能从谎言中开出灿烂的鲜花。孩子们在自己的谎言中得到了教训，他们失去了成为继承人的机会，当谎言被拆穿时，羞得无地自容。只有诚实，才能让一个人的生命开出灿烂的鲜花。

作为父母，如果察觉到孩子经常撒谎，一定要引起重视，否则孩子一旦尝到撒谎的甜头儿，以后就会撒谎成性，到时候想改也难了。

张女士最近很焦虑，因为她发现女儿居然很爱撒谎。对此，张女士很担心，但又不知道该怎样教育。为此，她将自己的苦衷发布在育儿论坛里，希望求得家长和专家们的指点。张女士这样写道：

以前，和邻居们一起聊天的时候，听一个邻居说他的儿子今年上初二了，特爱撒谎，撒谎的时候"面不改色心不跳"。当时，看到这位邻居一筹莫展的样子，我怎么也想象不出来一个十多岁的孩子会有那么深的"城府"。可是，就在最近几个月，我发现我们家一向被认为乖巧可人的女儿居然隔三岔五地变着法向我和她爸爸要钱。此时，我终于体会到当时邻居的心情。

因为中午的时候孩子不回家，我们就在学校附近给她找了"午托"，这样既可以解决孩子的饮食问题，还可以吃完饭后休息一会儿。我们怕她中午口渴，或者急需什么东西，就每周都让她带二十元应急的零花钱。

最开始一直挺好的，她从不乱花，还经常花不完。可是最近俩月，她每到周三就开始说没钱买水了，或者想买什么零食。前两天，居然又跟我说，她不小心丢了十元钱，今天又说老师让买什么课外书。

刚刚和我女儿一个同班同学的妈妈在微信上聊天得知，她儿子回家说我女儿的钱没丢，老师也没让买书，而是把钱给同学买了生日礼物。

有的父母可能觉得，不就一二十元钱嘛，现在哪个家庭也都不在乎，让孩子随便花得了。但是，要知道这不是钱多钱少的问题，而是孩子的这种行为本身存在问题，需要家长及时制止并指正。

必须注意的是，不管是什么情况下的撒谎，父母都不要姑息迁就，及时告诉孩子这种行为是不正确的，正确的做法应该是什么。同时，父母还要注意自己平时的言行。如果父母不经意间在孩子面前撒过谎，那么就等于为孩子播下了撒谎的种子。

首先，用规矩"堵住"孩子撒谎的嘴。

一般情况下，孩子在犯错后，可能会出于一种本能的自我保护心理而撒谎。这一次如果没有被父母识破的话，那么他就会存有侥幸心理接着第二次、第三次撒谎。

因此，为了避免孩子养成撒谎的恶习，父母就要制订严格的规矩，以"堵住"孩子撒谎的嘴。不仅需要及时了解、询问孩子的表现，还要保持与学校老师的紧密联系。

其次，孩子撒谎想要达到的目的，坚决拒绝。

信任孩子并不等于无条件地放任自流，如果发现孩子撒谎，父母就要及时、明确地指出，无论是怎样的要求，如果孩子企图用撒谎的方式去达到目的，作为父母一定要讲原则，制订"一票否决"的规矩，孩子一旦撒谎，则彻底拒绝要求。

最后，对孩子的撒谎行为采取适当的奖惩措施。

过程往往是事件最重要的一部分，家长切忌采取简单、粗暴的方式来教育孩子，"棍棒教育法"是不科学的。家长在教育孩子的过程中，不仅要看到孩子取得的成果，更要看到孩子努力的过程，并在孩子努力的过程中给予适当的表扬，尽量不要使孩子从撒谎中得到好处，要让孩子从自己的谎言中吃点苦头。对孩子进行惩罚时，要明确告诉孩子，之所以要惩罚他是因为他的撒谎行为，并告诉孩子犯错是难免的，犯错时应该如何去做；当孩子犯错后主动承认错误时，父母首先要给予表扬，再告诉孩子如何才能做得更好。

对于孩子来说，不管多大多小的谎言，也一定要引起父母的重视。因为如果这次纵容了，就会在孩子心里形成"撒谎可以蒙混过关"的错误意识，逐渐地，孩子就会形成爱撒谎的不良习惯。所以，面对孩子的撒谎行为，父母要采取的应对方法只有一个，那就是：定规矩，讲规矩，严惩不贷。

9 不要让孩子"给点阳光就灿烂"

蕾蕾聪明伶俐，漂亮可爱。她是爸爸妈妈眼里的宝贝疙瘩，是老师眼里非常优秀的学生，是同学们眼里令人羡慕的"白雪公主"。正是因为这样，蕾蕾逐渐产生了一种傲慢的姿态："我是最棒的，我比任何人都要优秀。"

蕾蕾的父母经常在别人面前夸赞女儿："我们家蕾蕾不知道遗传了谁，长得这么漂亮，学习成绩也那么优秀。"然而，爸爸妈妈不知道，他们的夸赞无形中给女儿的将来埋下了一颗定时炸弹，随时都可能爆炸。

果不其然，在来自各方面赞许的目光注视下，蕾蕾变了，变得动不动就对父母发火；在一些成绩不如自己的同学面前，她总是炫耀自己的成绩，经常对同学说："这个题目太简单了，你怎么就不动动脑子呢！我要是做这么简单的题，那简直就是享受！"有时候，老师给她讲解一些东西，她也流露出满不在乎的样子。

看到女儿变成了这样，蕾蕾的爸爸妈妈陷入了苦恼之中。

作为一个聪明漂亮、成绩优异的孩子，的确会引来人们的瞩目和赞许。如果孩子在这种关注和赞扬声中，不懂得收敛自己，而是拿来作为炫耀的资本的话，那么足可以说明，这个孩子产生了傲慢的品质。

这样的孩子，总认为自己比他人强，因此也就不愿意继续努力，很容易陷入"给点阳光就灿烂"的傲慢怪圈。不仅如此，傲慢的情绪会让孩子难以客观地认识自己和别人，他们往往被虚伪的表面蒙蔽了双眼，从而冷淡待人，也就无法获得别人的友谊。

还有，傲慢的孩子眼里只有自己，对于来自别人的批评会大为反感，并且会竭力证明自己是正确的，别人是错误的。

这样的孩子，又怎么能够真正地成长、成熟起来呢？

总而言之，对于孩子来讲，那些傲慢的情绪和自负的行为犹如一颗毒瘤，埋藏在他们的心灵深处，如果不及时剔除，就会越长越大，最后危及孩子的整个人生。所以，作为孩子的父母，一定要及时地给孩子定规矩，让孩子走出傲慢的泥潭，摆脱"毒瘤"的危害。

作为父母，要让孩子学会尊重和理解他人，尊重和理解他人对任何人来讲，都是一种十分珍贵的感情。它主要表现在对他人的接受、包容，甚至过错的原谅。对孩子来说，这种感情有助于其个性的健康发展，尤其是情感的健康发展，它将帮助孩子建立良好的人际关系，赢得别人的尊重和支持。

仗着自己的聪明才智和丰富的知识，浩宇养成了一副傲慢的态度，对一起玩的小朋友经常横挑鼻子竖挑眼，经常让别人很难堪。这样的结果是，小朋友们都不爱和浩宇玩了。小浩宇开始受到冷落。

浩宇的妈妈了解自己的孩子，也帮他指正过傲慢的危害，但孩子毕竟是个孩子，一些东西并不是大人怎么说他就怎么做。直到这次，浩宇真正感觉到问题的严重性了。妈妈也趁此机会，更加认真地和儿子讨论起来。

妈妈说："你一直是个不错的孩子，在各方面都取得了优异的成绩，这些的确是值得你骄傲的。但是你不要忘了，一个人要想有所成就，要想生活得快乐，是离不开周围朋友们的支持的。最近你由于自己获得的优异成绩傲慢起来，总觉得自己比周围的孩子都有本事。其实，这种做法和态度是很愚蠢的，它只能让别人远离你，生怕和你在一起。每个想成功的人都需要和别人融洽相处，理解别人的处境，而不能在别人面前摆出一副盛气凌人的姿态。"

这次，浩宇听完妈妈的话，似乎突然明白了其中的道理。从此，他在其他小伙伴面前开始表现出谦虚的态度，而同时他也获得了别人的接受和尊重。

为了孩子的幸福，同样也是为了孩子的学习，为了孩子将来能有所作为，我们应当教孩子学会宽容，学会理解他人。

给孩子立下这些规矩，目的只有一个，那就是让孩子知道，在这个世界上，无论取得多大的成就，也没有傲慢的资本，因为任何人都不可能全知全能，即使你在某个方面造诣很深，也无法做到彻底精通，任何学问都是无穷无尽的海洋，假如觉得自己已经达到了最高境界而停步不前，则一定会很快被他人赶上，并迅速被超越。为了不让你的孩子将来成为傲慢的牺牲品，那么在他年幼的时候，一定要让他学会谦虚谨慎的做事方式，放下翘起的"尾巴"。

10 ❤ 感恩是生活中的大智慧

感恩，自古以来就是一种美德，被世人不断地传承，才得以延续。在学校期间，我们经常听到这样的话："受人滴水之恩，当涌泉相报"，"谁言寸草心，报得三春晖"。这些经典的语句将感恩诠释得惟妙惟肖，这也说明感恩就是真善美的真实写照。

对于一个孩子来讲，拥有了感恩之心，他就拥有了一种无可比拟的气质和魅力；拥有了感恩，他就拥有了整个世界，拥有了无比灿烂的光环。他也就可以开拓自己更加精彩的人生，打造属于自己的"爱的天国"。

感恩是生活中的大智慧，也不失为一种处世哲学。然而遗憾的是，当前感恩情怀对某些人来说，已经变成一种陌生的感觉了。大人如此，孩子们更是如此，不经意间，我们的孩子已经逐渐丧失了感恩的心态，甚至不知道什么是感恩、如何感恩了，这一点值得做父母的深思。

那么，在日常生活中，应该如何让孩子学会感恩呢？

首先，父母要有意识地去培养孩子"柔软"的心。

只有让孩子学会感受别人的情感，他才能设身处地地为他人着想。为此，父母们可以采取一些"移情"的方式让孩子拥有一颗柔软的心。例如，当发现孩子因为闹情绪而乱踢他的毛绒玩具时，你可以对他说："你踢玩具，它会感到疼痛的。不要踢它了，好吗？如果你让它感觉你是个爱欺负人的孩子，那它就会不喜欢你的。"通过这样的方法，可以培养孩子的爱心，也让他能体会到别人的感受。

其次，给孩子制造"报恩"的机会。

生活中我们经常发现，父母习惯将自己的孩子视为掌上明珠，当他们想帮助父母做事情的时候，父母往往会说：你去休息吧，如果真没事做，那就去看看书。殊不知，父母的这一做法，已经无形中扼杀了孩子的感恩之心。要知道，孩子只有懂得付出、懂得"回报"，才会懂得珍惜、懂得体谅，所以父母应该学会接纳孩子的付出和体贴。

马丽的父母很会教育自己的女儿，在马丽很小的时候，妈妈就教女儿整理自己的房间，做一些简单的家务。当家里来客人的时候，爸爸会让马丽帮忙倒茶，客人走后，马丽还要帮忙打扫房间。

就这样，马丽体会到了父母的辛苦，等她渐渐长大后，她也开始关心爸爸妈妈了，每次父母下班回来后，都有热腾腾的饭菜等着他们。马丽常说："爸爸妈妈为了我这么劳累，我应该为他们分担才对啊。"

在培养孩子的过程中，很多父母都不舍得让儿女去做家务。殊不知，让儿女从小学着做家务，不仅培养了他们的生活能力，同时也让他们体会到了父母的不易，激发他们的感恩之心。

再次，让孩子关心不幸的人。

在优越条件下长大的孩子，根本不知道什么是贫困，什么是吃不饱穿不暖。父母可在孩子沉浸在幸福中时，通过巧妙的方式告诉他："有些地方的一些和你差不多大的小朋友，他们现在连饭都吃不上，玩具也没有。"这会让孩子知道，世界上不只有幸福和甜蜜，也有痛苦和不幸。同时，父母还要时常整理一些孩子的衣物、玩具、书本等捐赠给需要帮助的人。孩子会从这些对比中，体会到自己的幸福生活，会因此而产生感恩情愫。

最后，父母要在孩子面前学会"示弱"。

在大多数孩子的眼中，父母往往都是强大到无所不能，能为他们买到喜欢的一切，为他们洗衣、做饭，扫除生活中的一切障碍。因此，孩子们不管遇到什么难题，都会向父母求助，即便是很简单、自己能够做的事，也会求助于父母。而大部分父母也是对孩子有求必应，恨不得为孩子解决一切困难。殊不知，如果父母太强大，把每件事都做得井井有条，那么孩子就没有机会插手帮忙。久而久之，孩子便习惯了接受，他所有的需要都被父母无条件地满足了，理所当然地认为什么事情都应该先满足他，认为别人的给予都是应该的。因此，父母应适当地学会在孩子面前"示弱"，孩子能够做的事情就让孩子去做，让孩子去吃苦就是让他懂得父母和别人的给予与帮助是一种"恩惠"，而不是理所当然。

有人说，一个不懂得感恩的民族是没有未来的民族。我们也可以说，一个不懂得感恩的孩子很难有美好的未来。当你的孩子学会了感恩，他就懂得了生活，懂得珍惜美好的生活，珍惜别人为自己付出的情感，也就能更好地融入现实生活，开启自己独立人生的大门。

11 让孩子学会尊重他人

如今社会环境和生活条件都比较好，孩子也大多聪明伶俐，并且富有创造力。但有一个问题却令很多家长头疼，那就是孩子不懂得尊重别人。然而，学会尊重他人，是孩子必备的一种品德。因此，"让孩子学会尊重他人"引起很多家长的共鸣。

只有尊重他人的孩子，才会得到他人的尊重。美国哲学家约翰·杜威说："人类本质里最深远的驱策力就是希望具有重要性。每一个人来到世界上都有被尊重、被关怀、被肯定的渴望，当你满足了他的要求后，他就会对你尊重的那一个方面焕发出巨大的热情。"

一位名叫拉凡·斯蒂恩的美国男孩曾经讲过一件自己亲身经历的故事：

爸爸在我们生活的小镇上开了一家小商店，我们管它叫"我们自己的五金家具店"。

直到现在，我仍然记得父亲用行动给我们上的一堂课。

那是圣诞节前的晚上，我们正在房间里庆祝节日，走进来一个五六岁的小男孩。只见小男孩身上穿着一件棕褐色的旧衣服，袖口又脏又破。他的头发也乱七八糟的，还有一绺头发直直地立在前额上。我不禁从上到下地打量着他，他的鞋子也磨损得非常厉害，其中有一只鞋子的鞋带还是断的。

当时给我的感觉就是，这个小男孩很贫穷，穷得买不起我们家商店里的任何一样商品。只见他走到玩具部旁边，左看右看，不时拿起一两件玩具，然后又仔细地把它们放回原来的位置。

爸爸走到小男孩身边，温和地问他想要什么。小男孩说他想为他的兄弟买一件圣诞礼物。爸爸对他说："请你随便看，尽管挑。"

小男孩开心地挑起来。挑了大约二十分钟，小男孩拿起一架玩具飞机，小心翼翼地走到我爸爸面前说："先生，这个多少钱？"

爸爸没有直接回答他飞机的价格，而是问他说："你有多少钱？"

此时，小男孩松开了他一直紧握着的拳头。他的手掌展开后，我看到里面有两枚一角的硬币、一枚五分镍币和两便士，加起来共 27 美分。而那个飞机玩具的价格是 3.98 美元。

然而，爸爸却说："你的钱正好够。"只见爸爸微笑着接过男孩手中的钱。

时至今日，爸爸的回答仍在我耳畔回响。我目送着小男孩离开商店，这时我看到的是一个如同抱着珍宝一般的容光焕发、神情熠熠的孩子。

正是爸爸那天的行为，让我懂得了帮助别人，而又不让别人感觉到被施舍，是一件多么美妙的事。因为这种帮助让他获得自信，获得成就感。而这对于帮助者而言，是对于人性最大的尊重。

拉凡·斯蒂恩的父亲正是用自己的人格影响着孩子，为他上了一堂现实课，而这一课让孩子铭记在心，永生难忘。

尊重别人是一种美德，一种对他人人格与价值的充分肯定，一种对别人不卑不亢、平等态度的充分肯定。

作为父母应意识到，对孩子来说，尊重别人是一种必须具备的品德。孩子只有懂得尊重别人，才可能去跟别人交往，从而建立良好的人际关系。同时，尊重别人还可以使孩子获得一样珍贵的品质——自尊。一旦孩子学会去尊重别人，让尊重成为生活的一部分，孩子将更会关心别人，也会因此而更加尊重自己。

作为父母一定要牢记：当孩子长到两三岁的时候，你要帮助他学会分清哪些东西是自己的，哪些东西是别人的。此外，你还要告诉孩子，对于自己的心爱之物，欢迎别人来参观，共同分享快乐。例如带玩具出去和小朋友一起玩，请小朋友到家里来玩，等等。同时，对于别人的物品未经允许不要随便取用，别人的东西更不能占为己有，去抢、去损坏的行为都是错误的。

此外，还要让孩子尝到不尊重人的后果。当孩子出现不尊重人的举动时，你应及时适当惩罚，让他体会到不尊重人的后果。例如："你今天动手打了邻居小妹妹，晚上就不能看动画片了。"

毫无疑问，尊重别人是一个人必备的精神礼节。父母作为孩子步入社会的最早领路人，要给孩子做好处处尊重他人榜样的同时，更要在孩子的心中播下尊重别人的种子，让孩子学会去尊重别人。

12 注重培养孩子的孝心

我国有句俗语"百善孝为先"，如果说每个人的生命都是奔流不息的小河，那么父母则是小河的源头。没有父母，哪有孩子？没有父母的爱，哪有孩子的幸福？

在我们的很多伦理学著作中，都会将孝敬父母看作人际关系的第一个台阶。可以说，孝心在人与人相处中占有很大的地位，我们很难想象，一个没有孝心的孩子怎样去爱别人，怎样去珍惜自己的朋友，爱护自己的家人？一个没有孝心的孩子在需要帮助的时候，谁会愿意伸出援助之手帮助他们？

某报纸曾经报道过这样一则惊人的新闻：一个原本生活在农村的十八岁的女孩，考上大学后，开始羡慕城市里生活的人们。

她嫌自己相貌平平，就打算让自己穿好的衣服，买好的化妆品，把自己打扮得像个"城里人"。可是由于家境不宽裕，她仅有的这半年的生活费，不足千元。

于是，她给在家中劳作的父亲打电话，说自己遇到了困难，要父亲赶紧赶往她上学的地方。

等父亲赶到，她才将自己真实的目的告诉父亲。

听了女儿的话，父亲很难过，他没想到自己辛辛苦苦养大的女儿居然为了穿着打扮而跟自己撒这么大的谎。不过，这位父亲也只是心里难过，表面上没有表现出来。他只是和孩子实话实说，告诉她自己没有什么钱，家里仅有的几千元钱都给她交了学费了。父亲同时还告诉她，别跟别人比穿着，要和人家比学习。

可是，这个女孩却鬼迷心窍一般地非要钱不可，对于父亲的劝告置若罔闻。她甚至异想天开地提出让父亲去出卖自己的器官。

父亲大为错愕，而女孩却说："不会有事的，那样就可以赚好多钱呢！"

这位老实巴交、一心为了孩子的父亲居然答应了女儿的要求。不过，正在他们父女俩一起去医院的时候，被熟人发现，随后校方知道了此事，坚决制止了。

看完这个报道，想必每个父母都会觉得这个女孩实在可恶，而这个父亲也着实可怜。

我们都知道，父母是给自己生命的人，自己应该爱他们、孝敬他们才对，而这个女孩居然让父亲去出卖自己的器官，简直天理难容！

所以，父母在孩子还小的时候，一定要注重培养他的孝心，让孩子懂得爱这个字。民间有句俗话：母慈子才能孝。所以说，在培养孩子的过程中，父母一定不可以感情用事，例如在高兴的时候哪怕孩子犯了天大的错误，你也不会计较；在自己不高兴的时候，孩子做错一点小事就可以让你大发雷霆。其实这样的做法是非常不对的。

作为父母，只有掌握了正确的方式，将爱心灌输到孩子的心灵，这才是最为重要的，而最好的方法就是身先士卒，以身作则。如果父母是非常有孝心的人，那也不必担心自己的孩子会成为不孝顺的人。

此外，父母要在行为上做出表率，也让孩子做到孝顺父母，尊敬长辈。

首先，日常生活无小事，要让孩子在细节上做到孝顺。

绝大多数习惯和品行等都是通过日常生活中的点点滴滴培养起来的。父母要想让孩子成为一个有孝心的人，那么就应该用自己的"慧眼"去发觉孩子的动机，并在点滴中汇聚美好的品德。例如，当父母辛劳一天感觉疲惫的时候，孩子主动给父母捶腿；当父母身体不适需要服药的时候，孩子及时提醒父母吃药，并帮助他们拿药；等等。当然，父母要知道，在要求孩子去做这些事情的时候，自己必须先做到。如果父母平时都不懂得孝敬家里的老人，不懂得与人为善，那又怎样教育出善良懂事的孩子呢？

其次，不纵容，不溺爱，让孩子从小就懂得孝敬家中的老人。

楚楚是爸爸妈妈眼中的娇娇女，同样也是爷爷奶奶的掌上明珠，一家人都围着这个小公主忙碌。有一次，楚楚想玩骑马的游戏，爸爸妈妈不在家，于是她就要年长的爷爷趴在地上当自己的"马"，自己却在上面得意扬扬地"驾驾"地叫着。爷爷说自己累了，想休息一会儿，但是楚楚却不依不饶，不让爷爷休息。

对于楚楚的做法，有些父母或许会说她是孩子不懂事，长大了自然就不会这样了。然而，在这一点上，很多父母却忽视了习惯对孩子成长的影响，人们常说一个好的习惯可以成就一个人，而一个坏的习惯则足以毁掉一个人。所以，父母一定不可以忽视孩子的这些行为，而应该制止孩子的这种行为，从小就教育孩子尊老爱幼。

其实，只要父母能在生活的点滴中教育孩子，对她进行爱心意识和行为的培养，那么你的孩子就会怀揣一颗孝顺的爱心，将它传播到自己的周围。那么，在不久的将来，你的孩子将成为善良懂事的"爱的天使"。

第三章

言语有方，教孩子掌握说话的艺术

开口说话，是一件最简单不过的事，但要让孩子做"会说话"之人，似乎就不那么容易了。俗话说："说出去的话，泼出去的水。"无论说多了，说错了，或是说话的语气、方式不对，都有可能造成不好的影响。言由心生，智者慎言，该说则说，适时而言。说话是一门艺术，那么，应如何教会孩子说话的艺术，如何适时地给孩子立规矩呢？

1 让孩子降低语气，缓和脾气

我们知道，孩子小的时候自控能力是非常差的，他们不具备足够强的耐性。当看到自己想要的东西时，他会不顾一切地想得到。当父母不满足他的要求时，他会选择不停地哭闹。面对这样的情况，父母一定要理性地对待孩子的"暴脾气"，有策略地去应对，通过引导，让孩子学会控制自己的脾气。

刘阳今年只有五岁，但脾气却是出了名的火爆。有一天，刚刚睡醒午觉的他，还想继续上午的过家家游戏。然而，当他走到小桌子旁，却发现什么也没有了，小盘子小碗，还有"看书"的小熊、在小车里躺着的小兔子都不见了。

这时，妈妈过来抱起刘阳说："你看妈妈把你的小玩具都收起来了，干净吧？"没想到刘阳却"大发雷霆"，一边打着妈妈一边叫喊："你讨厌，你讨厌，谁让你把我的过家家给破坏了，你赔我。"

妈妈很生气，批评了他一顿。谁知刘阳并不接受，依旧我行我素。但在幼儿园，他这套却行不通了。幼儿园里，小朋友们都是平等的，因此他发脾气，没有人会怕。因为，他和小朋友打了好几场架。刘阳的坏脾气，让老师也无可奈何。就这样，他不能与同伴和睦相处，被孤立于同伴之外，没有小朋友愿意跟他交往了。

生活中有不少像刘阳这样的孩子，总是喜欢大发脾气。看到不顺眼的伙伴，他们会尖叫着将他赶走；听见不好听的歌曲，就会怒气冲冲地关掉电视，大叫"真难听"。父母不禁要问，为什么年纪轻轻的孩子，就有这么大的火气？

造成孩子"暴脾气"的原因有很多，娇生惯养、不受重视、经常被家长打骂，这些都有可能引起孩子发怒。父母要做的，就是帮助孩子改掉这个坏习惯，否则在生活中，他就会处处受挫。

暴脾气已经让刘阳失去了很多朋友，倘若这个坏习惯一直伴随着刘阳的成长，那么他的交际之路一定是磕磕绊绊，难以收获真正的友谊。从心理学角度来看，乱发脾气是孩子意志薄弱、缺乏自控能力的表现。乱发脾气的孩子常常希望别人都顺从自己的想法和感受，当别人不赞同自己的想法时，他们就不能控制自己的情绪，开始大发雷霆。孩子乱发脾气，会影响他的知识获得，影响人际交往等各方面能力的发展，非常不利于孩子今后的成长。

作为父母，发现孩子在情绪控制上有所欠缺时，不妨跟孩子"约法三章"，为孩子制订规矩，这是规避他发脾气的重要手段。例如，父母可以规定孩子一个月只能吃两次快餐，如果超过两次，下个月就不能再吃了。甚至，父母还可以把规矩写于书面，一旦他乱发脾气，那么不妨让他看看自己的承诺。孩子是好面子的，因此自然会收敛起脾气。

2 让孩子学会善用谦辞的艺术

在社会交往中，礼貌是大家共同遵守的一种行为规范和道德准则，它是通往相互友好和尊重的一架桥梁。在我们的生活中，一个简单的"请"字，一个甜美的微笑，一声热情的"谢谢"，一个亲切的招呼，能让对方如沐春风，倍感亲切和温暖。为此，我们的孩子要从小养成讲文明、懂礼貌的好习惯，要学会使用谦辞,这样他们才会在成长过程中走得更顺畅,未来的道路也会更加宽广。

杨洋聪明伶俐,活泼可爱,可是让父母头疼的是,这个孩子不太懂礼貌。比如,他如果饿了,会冲着家里人大声喊:"我饿了,我要吃面包。"

多数时候,奶奶都会马上给杨洋去拿吃的。

妈妈觉得这样下去,儿子会越来越没礼貌,于是她就告诉奶奶和其他家人,以后杨洋再没有礼貌地叫嚷,就装作没听见。

一次,杨洋又故技重演,冲着妈妈要水喝,但是妈妈装着没听到。

他见妈妈不理,就跑过来说:"妈妈,你没听到我要喝水吗?"

妈妈说:"听见了,但是我并不知道你在喊谁呀。"

杨洋笑着说:"妈妈,我渴了,想喝水。"

"这样说还不对。"妈妈说。

"为什么还不对呀?"儿子不解地问。

妈妈说:"你应该说,'妈妈,我想喝水,请您帮我倒,好吗?'"

听了妈妈的话,杨洋重复了一遍,他对妈妈说:"妈妈,我想喝水,请您帮我倒,好吗?"

然后,妈妈才去给杨洋倒水。等杨洋喝完,把杯子一放,打算出去玩时,被妈妈一把拽住说:"还没完呢!"

杨洋瞪着大眼说:"完了啊,我喝完了!"

妈妈说:"你是不是忘了说声'谢谢'呀?"

"噢,还要说声'谢谢'?"杨洋歪着头,冲妈妈坏笑着说道。

"当然啦。你让别人帮你忙,怎么能不表示一下感谢呢?"

在妈妈的教导和监督之下,杨洋逐渐成了一个懂礼貌的孩子。

自古以来,中国就有"礼仪之邦"的美誉,讲文明、懂礼貌是我们中华民族的传统美德,而正确使用谦辞,同样是现代社会最基本的素质要求,也是形成良好人际关系不可或缺的条件。

日常生活中，在待人接物的过程中正确使用谦辞，其实是自身素养和讲礼貌的一种体现。在和别人打交道的时候，我们往往会给对方一些这样的评语："这个人有素养，有风度，让人钦佩。""这个人谈吐不俗，有教养。""这人真差劲，连基本的礼貌都不懂。""这人很庸俗，说话不着边际。"……

这些都是我们在和一个人打交道后，自然而然产生的心理反应。毋庸置疑，那些素质高、有教养的人，通常有着良好的文明礼仪。我们对这样的人会尊重，会欢迎。而那些缺乏教养、不懂文明礼仪的人，则会被我们嗤之以鼻，拒之门外。

哪个父母不希望自己的孩子成为前者呢？如果不幸成为后者，孩子怎样能够发展事业，怎么能够在社会上立足？伟大思想家、教育家孔子曾说过："不学礼，无以立。"这句话旨在告诫我们，要想有所成就，就必须从学礼开始。

此外，还有一部分家长觉得，孩子天真烂漫，想怎样就怎样无可厚非，等他长大了自然就懂得文明礼仪了。其实，这种认识也是不对的，如果孩子小时候没有养成好习惯、好品行，那么长大了也就难以改变。另外，从小培养孩子讲文明、懂礼貌的好习惯，和尊重他天真无邪的个性并不矛盾，越是文明礼貌的孩子，越能够获得自由发展的广阔天地，因为他们是受人们欢迎的人。

良好的礼仪修养是通过生活点滴形成的，所以，作为父母，在生活中不仅要引导孩子讲礼貌、用谦辞，还要做到以身作则，多给孩子示范。这样，经过多次重复，孩子就会形成习惯，并能够自觉地执行。例如，上下电梯时看到熟悉的邻居，要让孩子问叔叔阿姨好；串门走亲戚时要学会问候，告别时要说再见；待人接物要多使用"您好、谢谢、请、对不起、没关系"等敬语和谦辞。这样，通过和别人交往中的不断训练，孩子就会见识到各种礼仪，这样孩子慢慢地就会养成礼貌待人、文明处世的能力。

3 如何教孩子学会说"不"

现代教育，倡导孩子要懂得分享，要养成慷慨大方的美德。父母们也都知道，只有这样，孩子才会获得别人的友好相待，赢得别人的信任和尊重。当然，我们并不否认应该友好、慷慨地对待他人，但是如果对于别人提出的要求一概答应，从不考虑自己的实际情况和真实想法，结果只能是得不偿失。

不可否认，拒绝并不是件容易的事，即使对年幼的孩子来讲，也会有种种难为情。有些人在拒绝对方时，因感到不好意思而不敢据实言明，致使对方摸不清自己的意思，而产生许多不必要的误会，同时也容易给自己的心理造成压抑。

在爸爸妈妈和老师的眼里，凯凯是个特别慷慨、特别热心的孩子。从小到大，他从不吝惜自己的东西，有时候宁可自己不玩，也要把玩具让给其他小朋友。

上学后，凯凯依然很热心，同学们总是向他借这借那的，他从来都不拒绝。可是，爸爸妈妈发现，有时候刚给儿子买了文具，第二天就要再买，他的理由是别的小朋友没有，就给人家了。

对于儿子一直以来的热心肠，爸爸妈妈很是欣慰，但是他们也不无焦虑：对于别人的要求，向来都是满口答应，从不说半个"不"字。这样下去儿子还会有自我意识吗？

因此，凯凯的父母很担心，儿子会为了同学间的情谊，在面对不合理的要求时也不懂得拒绝，这样下去对他的成长肯定没好处。

像上面故事中凯凯的事例，应该和父母给予的这方面教育息息相关。但父母们是否考虑过，孩子如果把握不好尺度，以至于全然放弃了自己应该具备的权利，那么对他的成长会有怎样不好的影响？

实际上，大胆地拒绝别人不合理的要求，虽是不太容易但却是十分重要的事情。如果孩子懦弱将会导致他无法适应社会激烈的竞争，对其将来的学习、事业和生活都会造成很大影响。父母一旦发现孩子性格上存在懦弱的缺陷，就应该采取积极有效的措施来帮助孩子，教会孩子学会拒绝，敢于大胆地说"不"。

那么，该立下哪些规矩来培养孩子的拒绝意识呢？

首先，要有自我保护意识，不要轻信别人。

作为父母，要多关注孩子的日常行为，当发现孩子不懂拒绝的做法时，要耐心地向他说明其中的道理，让孩子知道有些时候是可以而且必须说"不"的。

一次，小青放学后遇到一个青年男子问路。出于助人为乐的心理，小青详细地告诉了对方。可是这位青年男子却好像还是不明白，他提出要小青亲自带他去他想去的那个地方。

毫无戒备的小青没有多想，就带着他去了。待他们走到一个僻静的地方时，这个男子忽然停了下来。就在那个傍晚，小青被那个男人伤害了，当爸爸妈妈找到她的时候，她难过地在那个偏僻的角落里哭泣着。

显然，小青在"助人为乐"的思想引导下，完全抛却了自我保护意识，以致让自己受到了伤害。

所以说，父母必须让孩子增强自我保护意识，该拒绝的毫不犹豫，这样才能避免伤害，维护自身的权益。

其次，让孩子懂得讲原则，不要轻易妥协。

很多时候，不管对方给出多大的诱惑力，也不管双方情谊如何深，都必须坚决拒绝。例如，平时要好的朋友约自己去偷别人的东西，或者考试的时候给他传纸条，等等。类似这样的原则性问题，毫无妥协的余地，如果孩子出于一时的不忍，造成的后果可能是一辈子的遗憾。

最后，有了想法一定要表达出来，不能闷在心里。

很多不善于向不合理要求说"不"的孩子，往往在家里就得不到发表自己看法的机会，经常是父母说了算，自己只有听的份儿。这样，孩子表达自己意愿的能力就被逐渐扼杀了，以致即使面对不合理要求，也不懂得拒绝。

因此，为了我们的孩子能够懂得说"不"，以此更好地维护自身的权益，那么父母们就要为孩子创设一个民主的家庭氛围，从而培养孩子勇于表达的能力。

说到底，为了孩子能够健康地、有尊严地成长，父母就要从小给孩子立下规矩，教会他们如何平和地、友好地、委婉地拒绝别人的要求。同时，也要用这些规矩来培养孩子接受他人的拒绝的勇气和能力。让孩子学会拒绝，是每个父母对孩子独立性和自主精神培养的关键点之一。

4 让孩子学会幽默的说话技巧

俄国文学家契诃夫说过："不懂得开玩笑的人，是没有希望的人。"可见，生活中的每个人都应当学会幽默。那些在生活中懂得幽默的人，可以很轻松地淡化人的消极情绪，消除沮丧与痛苦，舒缓紧张气氛，帮助别人以轻松的心情面对生活，更能带给自己和别人喜悦和希望。

对于孩子而言同样也是如此，具有幽默感的孩子会散发出一种亲和力，使他能获得更多的友情，赢得别人的信任，从而获得比较好的人际关系，能够深得大家的喜欢。不仅如此，幽默还能帮助孩子更好地应对生活和学习中的压力和痛苦，因而幽默的孩子往往比较快活、聪明，能较轻松地完成学业，甚至拥有一个快乐的人生。

丽萍是个性格内向的小姑娘，用她妈妈的话说，就是这孩子特别在意周围人的眼光。在学校里，如果遇到同学们和她开玩笑，丽萍也当真，很不高兴，觉得别人是在故意挖苦或者是讽刺她。

前两天，同学陈明看见丽萍的脸上不小心沾上了墨汁，觉得十分有意思，于是笑着对周围的同学说："哈哈，你看咱们班上怎么跑来了一只小花猫啊，真是可爱。"

同学们也觉得丽萍的脸上因为有了那几滴墨汁特别逗，但是丽萍这时候却生气了："笑什么笑，不就是几滴墨水吗，有什么好笑的，谁再笑我就给谁的脸上也涂上墨汁。"

听见丽萍这样说，同学们都停止了笑声，然后离她远远的。而丽萍感到十分委屈，觉得自己的同学太不厚道了，不仅不帮助自己擦掉，还嘲笑自己。

在陈明和同学们看来，笑她并没有其他的意思，只是看着丽萍的模样觉得好玩，觉得这是给紧张的学习生活增加了一点笑料，可是没有想到丽萍的度量这么小，这么不近人情。

从那以后，同学们渐渐都疏远了丽萍，觉得她太不幽默了，还那么凶。而丽萍因为同学们疏远自己，也变得更加悲观和郁闷了，但是她却不知道自己该怎么做。

如果你有丽萍这样一个孩子，会不会觉得很头疼？因为你会担心孩子的性格影响了他正常的交往，使他得不到宝贵的友谊，甚至影响他将来的工作和生活等。

可是，在生活中往往会有个别孩子像丽萍这样，总是动不动就生气。当然，还有另外一部分孩子，他们总是爱说爱笑，很风趣，很有幽默感。毋庸置疑，人们无一例外地都会喜欢那些笑容满面、有幽默感的阳光型孩子，不喜欢丽萍这样没有幽默感的孩子，前者不仅自己快乐，还会让他人快乐。

那么，作为父母，应该如何帮助孩子改善这一点呢？

首先，有意识地训练和培养孩子敏捷的思维能力。

幽默其实是智慧的体现，这样的人通常思维敏捷，有着很强的应变能力。因此，父母要注重对孩子敏捷思维能力的训练和培养，平时可以给孩子出一些"脑筋急转弯"的题目，或者引导孩子看一些有趣的电视节目、书籍，等等。

其次，用讲故事的方式培养孩子的幽默感。

父母可以通过给孩子讲故事的方式来培养他的幽默感。很多成人觉得孩子连话都还说不利索，哪里懂得幽默。其实，这是一种偏见。

一位妈妈在和五岁的儿子散步时，给他讲了一个笑话：有一个说普通话不标准的人，在一次讲话中，把"同志们"说成"兔子们"……刚讲到这里，儿子已经被逗得哈哈大笑，从此，他开始非常注意别人讲话的特点。

有一回，他听到爸爸的一个朋友在跟他的爸爸打电话时说的话，之后，他跟妈妈说："妈妈，我给你讲一个笑话。王叔叔打电话时，他听到别人说出姓名后，就说'哎呀呀哎呀呀，原来是你呀'！真是有趣！"

瞧，这不正是孩子懂得幽默的表现吗？

最后，对孩子表现出来的幽默感要予以肯定。

当父母对孩子的幽默感予以肯定的时候，孩子的幽默意识就在无形中被强化了，他的幽默感也就越来越强。有时候孩子觉得好玩的事，父母未必觉得有意思，但不要因此就敷衍孩子。当孩子讲起身边各种有趣的事情和见闻时，父母都要耐心地听完，并用真诚的微笑表示你的认同。

就像树上的叶子每片都有每片的形状一样，每个孩子也都是不一样的。作为父母可以有意识地去针对孩子的特点，帮助他们建立起自己的幽默感，从而帮助他们更好地跟这个世界交流，并从中获取更多的智慧和收获。

5 这些妙法让孩子远离脏话

"去你的""他妈的""大坏蛋"……某一天，当孩子用带着稚气的声音对你说出这样的语言时，作为父母是不是有些不敢相信自己的耳朵呢？说脏话是一种不文明的行为，也是一种缺乏教养的表现，而且还会损害到孩子身心的健康成长。当孩子嘴里蹦出脏话时，很多父母会感到紧张和担忧。

自从上小学以后，小天的小嘴巴开始变得越来越能说会道了，不时蹦出的新鲜词汇总会让爸爸妈妈又惊又喜。

淘气的小天着实很可爱，有时候爸爸会捏着小天的小鼻子，高兴地说："你个小坏蛋。"小天就会用带着稚气的声音说："你个大坏蛋。"爸爸妈妈便开始笑起来。渐渐地，小天似乎对这样的脏话情有独钟，常喜欢念叨着。

有一次，新搬来的邻居王先生来找小天爸爸喝茶、聊天。王先生的儿子毛毛也跟来了，两个孩子年龄相仿，没一会儿就混熟了，玩得不亦乐乎。谁知，两个孩子发生了一些小争执。只见小天指着毛毛的头，大声地嚷道："你是一个大坏蛋。"并大喊，"我不跟你玩了，你快滚开，不要再来我家了。"

一听这话，毛毛哭了起来……

相信有不少家长都有过这样的经历，原本并不在意的小事情，时间久了，竟然习以为常，让孩子染上了说脏话的毛病，最后想要纠正的时候，大费周章。

其实，说脏话的不文明行为之所以会发生在一些孩子身上，不外乎以下两种情况。

　　一种情况是，处于成长阶段的孩子有很强的模仿力。他们就像一面镜子，照到什么就反映出来什么，父母、同伴或者电视节目里所说的话语，尤其是脏话简短而好学，在不经意间已经潜入孩子的意识中，他们会觉得好玩将其记下，并在说话时运用，久而久之就会无意识地出口成"脏"了。

　　还有一种情况是，在一定程度上，说脏话可以舒缓紧张、气愤的心情。与同伴发生冲突、受了欺负或者愿望得不到满足时，孩子不懂或不会以合理的方式处理，情绪控制能力较低，他便会以说脏话的形式来发泄心中的愤怒或不满。

　　孩子说脏话时，有些父母听之任之，认为孩子骂几句脏话是鸡毛蒜皮的小事，不会认真对待。父母这样的态度，会给孩子一种错觉："说脏话，没有什么错。"这也是导致孩子在说脏话这件事上没规矩的原因之一。

　　要防止孩子说脏话的行为，建议父母们可以从以下几个方面来给孩子定规矩。

　　首先，父母要明确态度，告诉孩子说脏话是不对的。

　　在孩子刚刚说粗话、脏话的时候，往往只是一味地模仿，根本弄不清楚这些话的含义。所以当孩子口出脏话时，父母应该对孩子说："你知道那是什么意思吗？"通常他们都是不知道的。当你告诉他："这句话是骂人的话，不好听，会伤害到别人。"大多数孩子是不会再说的。

　　其次，告诉孩子应该怎么说。

　　孩子处于愤怒、烦闷等消极情绪时，他们很可能是以说脏话的方式来宣泄负面情绪。当父母遇到这样的情况时，应关注孩子不开心的原因，询问孩子真正想说的是什么。引导他们以文明的话语"请你走开""你不讲道理，我很不高兴"等表达自己的情绪，这非常有利于纠正孩子说脏话的不良习惯。

　　再次，用"家规"创设一个文明的语言环境。

　　孩子说脏话的原因，与父母有着必然的关系。如果父母说话粗俗，满口脏字，这就很容易使孩子去模仿。因此，父母要为孩子创设一个文明、礼貌的语言环境。例如，父母要提高自身的修养，严于律己，不说脏话、粗话，对人和气，为孩子做出良好的榜样；有目的地筛选影视、文学作品，通过看电影电视、讲故事等形式教会孩子学用礼貌用语；如果父母偶尔说了粗话，应该坦诚地跟孩子检讨："刚才是由于不高兴，说出了那句话，我们是不对的，你也不要学，今后我们谁都不要说这种话了。"

最后，设立一些小小的惩罚。

如果家长在警告孩子后，孩子仍然说脏话，家长就要采取一些措施了。最有效的方法是，让孩子停下他正在做的感兴趣的事，让他安静地待在某个地方十分钟以上，不许说话，也不许乱动。如果这种惩罚不起作用，可以撤销平时对他的某种奖励。撤销时家长态度一定要严肃，不要情绪化。这个规矩一旦向孩子宣告一定要坚持，不能因孩子的哀求或其他原因而轻易放弃原则。

总而言之，孩子说脏话并非小事，如果在这件事上没有纠正，那么长大以后，孩子就很难规规矩矩地去说话，可以想象，一个满嘴脏话、出言不逊的孩子，到哪里都是不受待见的，也会给他的成长带来不好的影响。作为父母，必须要从小重视，防患于未然。

第四章

形象不能离谱，秀出孩子的淑女、绅士范儿

　　形象是一个人的思想道德水平、文化修养、交际能力的外在表现，有教养的孩子首先是一个懂得爱护自己形象的人，他们彬彬有礼，有礼有节，知书达理。身为父母，无不希望自己的孩子能够如此，因为这样的孩子更容易受到周围人的喜爱和尊敬，也更容易走出更美的人生之路。而要想实现这个目标，同样需要从小给孩子定规矩。

1 快，
让孩子把小脊梁挺起来

　　青少年时期是人生求知探索、培养良好习惯的关键阶段，但多数家长更为关注的是孩子的学习成绩、能不能考上好的学校，以及有没有良好的道德品质、与老师和同学相处得怎么样等方面，而有关青少年身体姿态的教育却没有得到应有的重视，其中一些青少年学生驼背的现象在现代社会中越来越明显。

　　对于孩子而言，他们本该像花朵一样，迎着朝阳美丽绽放，无忧无虑地生活和学习。可惜如今繁重的学业和沉重的书包，把不少孩子都累驼了背、压弯了腰，开始探头、扣肩、走路拖沓、姿态不正，整日没精打采，失去了孩子应有的朝气……

　　果果是个小学三年级的学生，暑假里，由于爸爸妈妈都忙着上班，没时间辅导他写功课，就给他报了一个暑假学习辅导班。上辅导班没几天，老师就打电话让果果的爸爸去一趟，说有事要和家长沟通。爸爸抽时间去了，一进辅导班的门，就看见果果在课桌上趴着写作业，老师正跟果果说着什么，但果果一脸不耐烦的样子。老师看见果果爸爸，示意他看看果果的样子，原来老师正想和他谈谈关于果果写作业姿势的问题。

　　老师说："你家果果每次写作业时身子都坐不正，不是向左侧弯，就是向右侧弯，或者是猫着腰，胸口紧靠在课桌的边沿，更严重的是有时干脆趴在桌上写作业。说他好几次了，他根本不听。这样时间久了，不仅容易疲劳，影响学习效果,也会影响孩子的脊椎和颈椎的正常发育,同时也极容易使眼睛近视、斜视！"

听了老师的话,果果爸爸意识到了自己在管教孩子方面的失误。并保证以后一定注意纠正孩子写作业的姿势,让孩子把小脊梁挺起来。

生活中,其实有不少这样的家长,他们没有意识到挺胸抬头这件事对孩子本身自信心和精神状态的影响,而是任由孩子一天到晚垂头丧气、无精打采,时间久了,孩子难免会出现驼背的情况。

我们知道,驼背严重影响孩子的整体形象,驼背会使孩子看起来毫无精神。驼背还会让孩子的脊柱变形,导致骨骼也无法正常发育。因此,作为家长一定要重视起来,当孩子有轻微的驼背、坐立时不安、注意力不集中、多动、食欲不振时,他的脊椎可能有问题了,如果不及时加以预防、矫正和治疗,久而久之将导致孩子弯腰驼背,给其带来一生的痛苦。

而且最重要的一点是:驼背往往和孩子缺乏自信是联系在一起的。

那些缺乏自信的孩子,很多表现也很类似。一般来说,他们会有下列一些表现:

一是不敢面对新事物。一般来说,孩子由于好奇心强,是很乐于接触新事物的,可是缺乏自信心的孩子却总会在新事物面前,认为自己缺乏能力,如果面对肯定失败,于是不愿意去面对。例如,他们害怕搬家到一个新的地方,害怕转到别的学校或者班级里,等等。

二是特别依赖家人,独立能力较差。正常情况下,孩子随着年龄的增长会越来越能够脱离家人的呵护,但是缺乏自信的孩子往往对家人过分依赖,不管是在家里还是外面,都不敢独自面对问题,缺乏独立生活的能力。

三是在陌生人面前不敢抬头,不敢说话。自信心足的孩子,不管在谁面前都能够大大方方地表现,但缺乏自信心的孩子则往往不敢接触陌生人,一旦在陌生场合,他们就把头低下,闭口不言,父母和别人谈到自己的时候,也总是低下头或者躲开,害怕别人关注自己。

四是对于自己的行为会非常挑剔，一些无关紧要的事，他也总是很在乎自己的行为结果，并常常对自己的行为结果感到不满。例如，他搭积木，只是比图纸上差了一个地方，而实际上又不会影响整体效果，但他还是很懊恼，觉得自己完成得很糟糕。

所以，如果你的孩子出现了驼背，并且具有上述一种或者多种表现，那么可以断定，他是一个极其缺乏自信心的孩子。孩子一旦缺乏自信，就会大大降低他成才成功的机会。因为不自信，孩子不敢表现自己；因为不自信，孩子心态消极；因为不自信，孩子缺少伙伴……

这样的情况下，作为父母不仅要从表面上去解决问题，如给孩子使用驼背矫正器具等措施，而且还要从更深层次上去纠正孩子缺乏自信的情况，不光让孩子在生理上挺起胸膛，也要让孩子在心理上挺起脊梁，做一个有信心、有勇气的孩子。

2　让孩子站如松，坐如钟，走如风

近年来，社会上还有一种培训开始火爆起来了，那就是交际礼仪的培训，是专门为一些学生或部分职业的刚刚上岗的工作人员开设培训，坐、立、走、听、说等是基本的培训内容。而且，这样的培训渐渐出现低龄化的趋势，很多家长都愿意把孩子送去学习礼仪方面的知识。

为什么会出现这样的情形呢？那是因为家长们都意识到：人的仪态、表情和风度全面反映了一个人的素质、受教育的程度及能够被人信任的程度。一个人举止端庄文雅、落落大方，就能给人以深刻良好的印象。培根说："相貌的美高于色泽的美，而秀雅合适的动作美又高于相貌美，这是美的精华。"要树立良好的形象，就要在平时养成良好的外在形态，随时注意自己的仪表。

陈硕从小就非常好学，他的父母也给他报了不少如奥数、英语之类的辅导班，从小学一年级到五年级，陈硕获奖无数，家里的奖状都摞起老高，可是陈硕的父母还是高兴不起来，为什么呢？

原来，陈硕平日里一副大大咧咧的样子，懒散惯了，从小由于学习优秀，家里大人都惯着他，有时候吊儿郎当的也就任由他去了，结果慢慢地，父母发现陈硕的懒散已经严重影响到了他的形象。明明是个好孩子，可让别人看上去，站没站相，坐没坐相，反倒觉得是个街头的小混混儿，这让陈硕的父母困扰不已。

后来在老师的建议下，陈硕的父母给他报了舞蹈班及国学礼仪班。在舞蹈班上，舞蹈老师让陈硕盯着大镜子里的自己做动作，陈硕也发现了自己之前的很多动作和姿势原来看起来那么不招人喜欢，而通过礼仪班的学习，陈硕也明白了很多礼仪是有着深厚文化内涵的，而不是简单的繁文缛节。渐渐地，陈硕开始注意自己的仪表仪态了，无论是在家里还是在外边，都不再是那副吊儿郎当的样子了，他的父母看在眼里，心里别提多欣慰了。

其实，我们许多学舞蹈的孩子，他们的爸爸妈妈送孩子去学习舞蹈，其中有一个原因，也是为了孩子能练出一个挺拔的腰杆，有一个好的坐、立、走的姿势。这说明坐、立、走的礼仪非常重要，已经越来越被重视。这是为什么呢？

要知道，中国是一个历史悠久的礼仪之邦，中华礼仪是祖先留给我们宝贵的历史文化遗产。古人对一个人的礼仪教育就是从最基本的坐、立、走的姿势开始的。老师的爷爷奶奶这一辈人，在老师小的时候就这样严格地要求我们："站有站相，坐有坐相。"说的就是，一个人无论是站着，还是坐着，都要有一个好姿态。古人对坐、立、走姿势的要求用形象的话语说，就是要"站如松，坐如钟，行如风"。

"礼"是指由一定社会的道德观念和风俗习惯形成的，大家共同遵守的礼节；"仪"是指人的容貌、举止。"礼仪"指的就是人类社会交往中应有的礼节仪式。孔子曾说过："不学礼，无以立。"就是说一个人要有所成就，就必须从学礼开始。我国很早就享有"礼仪之邦"的美誉，讲文明、懂礼貌是中华民族的传统美德，而文明礼貌是现代人最基本的素质要求，也是人际关系和谐的纽带，更是通向友好交往的桥梁。

父母要从日常生活中培养孩子的仪表仪态，并且要坚持下来，这样才能让孩子养成讲究礼仪的好习惯。主要表现在以下几点：

1. 要求孩子保持仪容仪表的整洁。平时要穿戴整齐、勤洗头洗澡、勤剪指甲、早晚刷牙等，这样孩子才会养成良好的卫生习惯。

2. 行为举止上，从站、坐、行及神态、动作方面给孩子提出要求。如站的时候身体要直立，走路要昂首挺胸，坐姿要端正，等等。

3. 教育孩子要注意自己的表情神态。在和人交往的过程中，要面带微笑，不要出现掏耳朵、挖鼻子、挠痒痒等不良习惯动作。

总而言之，优美的仪态能够显示个人的自信，衬托出美好的气质和风度，并给他人留下美好的印象。同时，文雅、端庄的形象，不仅给人以沉着、稳重的印象，也是发展自己气质与修养的重要途径。作为父母，一定要从小重视孩子的仪表仪态，让孩子从小有一个好的形象。

3 注重仪表，看起来才有精神

良好的礼仪是一种教养，当孩子保持良好的仪表，以尊重的心态与人交往时，就能打开身心的大门，迎接对方的善意回应。孩子从小懂得这个道理，并且努力做到这一点，才能在成长的道路上走得更远。

张威和董轩是同一所名牌大学毕业的好朋友，毕业后，他们希望还能够在同一家公司上班，于是就去同一家公司应聘。

经过该公司人事经理对他们的测试，张威和董轩都很符合这家公司的招聘条件，他们都很优秀。可是，人事经理不由得犯了难："公司只能招聘一个人，现在两个人都这么优秀，到底该留谁呢？可不可以都留下呢？"出于爱才之心，人事经理向总监提交了一份请示报告。

总监很高兴，心想这么优秀的人才，丢掉其中任何一个都非常可惜。因此，总监决定先见见张威和董轩再做决定。谁知，见面之后，总监却改变了主意，只留下了董轩。

张威落选了，他非常不服气。"我到底哪里不符合要求呢？"他问总监。

总监不紧不慢地说："年轻人，不管是专业知识和业务能力，你都是很优秀的。但是，有一点你比董轩差了些，因为他比你更注重自己的仪表。你看他，从上到下，每一个细节都打扮得很合适，这让我觉得他对于这份工作很重视。其实，任何一份工作都需要细心，如果对自己的仪表形象都满不在乎的话，那么谁又能放心将重要的工作交给他来做呢？"

实际上，我们每个人都像一间房子。如果说内在的知识和修养是房子里的布局和陈设，那么，我们外在的仪表就是房子的玻璃窗。干净明亮的窗户能够让人一眼看清房间里的雍容典雅，让人顿感心情舒畅；而污浊不堪的窗户就可能将房子的美好完全遮蔽，给人留下不好的印象。故事中张威正是败在了外表这扇"玻璃窗"上。

因此，要让孩子拥有美好的未来，掌握与人交往的基本礼仪，首先要让孩子站有站相，坐有坐相，使自己成为一个受欢迎的人。道理很简单，一个人的外表，包括衣着、坐、立、行的姿势和言谈举止，可以反映出他的修养、禀性、文明和受教育程度。因此，父母在家庭教育中首先要帮助孩子注意自己的言行，这是懂礼节、有教养的基础。

具体来说，要想让孩子注意自己的仪表，父母要从以下几个方面引导孩子：

首先，督促孩子保持个人卫生，既是仪容美的关键，也是礼仪的基本要求。

一个人无论多漂亮、服饰多华贵，如果满脸污垢、浑身异味，那么必然会破坏自己的美感，让人敬而远之。所以，父母要让孩子从小养成良好的卫生习惯，做到入睡前洗脸、洗脚，饭前饭后勤刷牙，经常洗头又洗澡，讲究梳理勤换衣。当然，不要让孩子在人前"打扫个人卫生（如剔牙齿、掏鼻孔、挖耳屎、修指甲、搓泥垢等）"。

其次，引导孩子在与人交往时，学会换位思考。

孩子由于年纪小，以及自我意识过于强烈，往往只注重个人感受，不能体会他人的需求；所以，让他们学会站在对方立场考虑问题，就更能将心比心，懂得尊重对方，更好地遵守交往的礼仪。经验表明，善于替他人考虑的孩子，更能赢得他人的信赖。

当然，我们提倡注重仪表美，并非让家长把孩子打扮得油头粉面，也不是要家长给孩子买最贵、最华丽的衣服，而是希望家长能够培养孩子注重卫生、学会正确地着装等。也就是说，培养孩子正确的审美观，帮助孩子养成整洁和得体的好习惯。

4 腹有诗书的孩子气自华

进入社会后，我们往往都会发现，身边那些有着知性之美的人，大多都是喜欢和书打交道，有着良好的学习习惯。其实，这些都应归于书的功劳。对于孩子来说，在阅读的过程中，孩子可以体验更为丰富的情感，积累更为丰富的知识，这些无疑会为孩子丰富各种知识平添一份魅力，在孩子成长的人生历程中，不断提高内涵，在举止言谈中洋溢出一股书香之气。

盛铭是个人见人爱的孩子，他在待人接物、举止谈吐方面都高出同龄孩子一筹，引来很多父母的羡慕和敬佩。

为此，很多父母向盛铭的父母请教，到底用的什么妙招让孩子这么棒。

盛铭的父母往往淡淡地一笑，只有简短的几个字来概括，那就是多让孩子看书。

盛铭的妈妈张倩透露，她是这样引导儿子读书的：从孩子一出生，只要是醒着的时候，她都会给孩子读书，慢慢地，她发现儿子在听妈妈阅读的时候会手舞足蹈，仿佛在享受一件美好的事情。

等儿子长到两岁后，张倩就开始给他买一些绘本，为他读上面的文字，并让他观察上面相应的图画；再到后来，她就开始给儿子讲故事；上了幼儿园后，她会鼓励儿子自己讲故事给妈妈听。

就这样，那一个个优美动听的童话故事陪伴着盛铭成长的每一天。正是在这种熏陶之下，盛铭的语言、写作等能力均得到了很大的进步。慢慢地，盛铭自己也感受到读书带来的乐趣了。

盛铭六岁那年，上小学了。这时候，张倩也开始逐步"放手"，试着培养儿子的求知欲。例如，有时候她会把故事讲到一半，然后推说还有事急着要做，让儿子自己去看完。

虽然儿子不太高兴，但由于太想知道故事的结局，就努力地继续往下看。虽然还有很多字他并不认得，但没关系，有拼音帮忙，慢慢地，盛铭就养成了自己看书的习惯。

现在，盛铭快小学毕业了，而他看过的书也有了满满的一书柜。这些藏书里，既有盛铭小时候看过的故事书，又有后来的儿童小说、百科全书、儿童画报及杂志等。

在不断汲取知识的过程中，盛铭的自信心也越发增强。如今，读书已经成了盛铭生活中必不可少的一部分,在汲取知识的同时,也享受着阅读带来的快乐。

古人早就告诫我们:腹有诗书气自华。道理很简单,就是告诉我们,一个人多读书、读好书,那么他就会有不俗的气质。如果我们能引导孩子从小爱上读书,那么对他的一生都将大有裨益。

也许有的父母会说,现在学习任务这么重,还让孩子读课外书,是不是太辛苦了?考试又不考课外书上的知识,现在看也没什么用。这些想法都有失偏颇。父母们不妨回想一下,在我们上学难的时候,一些喜欢读课外书的同学,他们的语文成绩总是很好;而不爱读书的同学即使天天闷头学习,他的语文成绩也不会特别突出。

而那些读书多、语文成绩好的同学,往往在其他方面也发展得更好,在未来的人生之路上也会拥有更多的发展机遇。既然如此,父母们不妨给孩子立下一些规矩,督促他们多阅读,从而爱上读书。

首先,规定阅读量,培养阅读兴趣。

兴趣是最好的老师。在孩子幼年时期,让他们对文字、对语言产生兴趣和好奇,是很关键的。

父母要知道,虽然文字对于孩子来说是个新鲜的东西,但是长时间面对一个个的"小方块",会让孩子无所适从。但如果将文字和孩子的生活联系起来,那么孩子就能体验到文字可以给自己的生活增加乐趣和带来方便,学习的动机自然就强烈了。例如,当你带着孩子外出游玩的时候,到了游乐场时,看到门口竖立的大牌子,可以告诉他游乐场的名字;当带孩子去玩具店里的时候,你也可以告诉他,包装玩具枪的盒子上印的字是"消防车""芭比娃娃"等。

相信用不了多久,孩子就会主动地问这个怎么念,那是什么字。逐渐地,孩子就会对阅读产生浓厚的兴趣,而不会把文字看作枯燥的东西了。

其次,让孩子多发表阅读心得。

很多父母对于物质从不吝惜,可以给孩子买这儿买那儿,但却常常忽视了和孩子进行交流。为了培养孩子的阅读习惯和兴趣,父母可在孩子年龄尚小的时候,与孩子一起阅读童话故事,也可以和孩子一起编故事;当孩子大一些的时候，可以和他一起讨论和交流。

孩子在阅读过程中，可能会产生很多疑问，这时候父母就要尽力帮助解答。如果一时解答不了，也要向孩子说明原因，然后上网或者查找相关的书籍来寻找答案。

一旦孩子形成了良好的阅读习惯，那么他就会以阅读为乐，由此，孩子的知识面也就更加广泛，进而促进孩子进一步学习更多的知识。

最后，鼓励孩子进行阅读社交，跟爱读书的孩子一起玩。

一些父母发现，自己给孩子买的书不少，可是大多成了摆设，孩子根本不喜欢看。

如果你也有类似情况，那么不妨找一个亲戚朋友家爱读书的小孩儿，让他和你的孩子一起读书，耳濡目染下，你的孩子也会产生对书的兴趣。

正所谓"近朱者赤，近墨者黑"，孩子们相互之间的影响力是巨大的，在他们的感染和影响下，孩子就会慢慢爱上阅读了。

5 举止得体，让孩子成为"小绅士"

著名教育家斯宾塞曾说过一句话："一个人全部品德的基础就是礼仪修养，那些不良的举止和不礼貌、不文明的行为，不但对孩子自身发展不利，而且也会严重危害孩子的品性。"然而，看看现实生活，"野孩子"成了父母、老师乃至整个社会都感受到的一个突出的问题。

一位在某外企做管理工作的妈妈这样说道："现在好多孩子都因为过于娇惯，而导致他们非常淘气，动作粗暴，具有攻击性。我们家的孩子平时还算乖巧懂事，可是赶上他情绪不好，稍微有点小事就会乱发脾气，大声叫嚷，还摔东西，真是让人头疼。"

还有一位叫"愁煞人的妈妈"的网友在育儿论坛里诉苦："我家孩子，天天莽莽撞撞，不是磕这儿，就是碰那儿。"

跟帖的一位爸爸深有同感，他说："我们希望孩子能有得体的举止，可他总是张牙舞爪的，真没办法！"

由此可见，让孩子有一个优雅得体的举止，是很多父母关注的，而这也应作为家庭教育的重点。而事实上，我们生活中的事实也可以充分证明，凡是彬彬有礼、待人谦和、衣着大方得体、谈吐高雅不俗的人，通常有着更融洽的人际关系，更容易得到周围人们的喜爱和尊重。这些人也会因此更容易取得人生和事业的成功。

作为父母，都有着"望子成龙"的期盼和渴望，希望孩子能够茁壮成长，在各方面都做到优秀，成为人生赢家和众人瞩目的焦点。可实际上，只有很少数的家长能够实现这个愿望。那么，同样是家庭教育，那些优秀孩子的家长，在平时是如何教育和管理孩子的呢？

王凯今年十二岁，他聪明活泼，成绩优异，是老师和家长眼里的好少年。而更让师长们欣慰的，是王凯一直以来所体现出来的绅士般的风度。

无论是在家里，还是在学校，或者其他公共场所，王凯从来不乱发脾气，不大吼大叫，而是遇到事情不惊慌，待人彬彬有礼。人们都说，看其行为举止，简直就是个小大人。

因此，王凯也成为众多家长用来管教孩子的"榜样"。

王凯之所以如此"绅士"，主要得益于父母对他的培养和教育。王凯虽然是独生子，但在家里从没有"小皇帝"一般的待遇，而是和家人一样，吃东西平均分，家务活一起做。做律师的爸爸和做文字编辑的妈妈除了给儿子讲一些文明礼仪方面的故事，更会以身作则，为儿子做出最好的表率。

正如一位哲人所说："那些言行举止得体的人，往往非常谦虚谨慎，从不装腔作势，更不会夸夸其谈、招摇过市，他们总是通过自己的行为来证实自己的内在品质，不愠不火。"可以说，绅士风度就好比促成人际交往的"黏合剂"和"润滑油"，它能用自己特有的力量，使人们的交往更加顺利融洽。

既然如此，父母们还等什么呢？为了我们孩子更好地融入集体，更好地适应社会，拥有更美好的人生和未来，那么从现在开始，就为把他培养成未来的"绅士"而努力吧！

首先，用绅士的标准来要求孩子。

俗话说：环境塑造人。要想培养举止得体的小绅士，父母自然要为孩子塑造一个较为绅士的生长环境。例如早晨起床后，父母和孩子要相互问好；孩子出门上学前，妈妈会帮助孩子整理一下衣服，检查一下纽扣，然后互相拥抱；到晚上临睡前，父母和孩子还要互道晚安。

再例如，在吃饭时，必须穿戴整齐，不得大声喧哗或者把餐具弄得乱响；吃东西的时候不要说话；餐盘里不要有剩饭；等等。这些对中国的父母都可以起到借鉴作用。

其次，让孩子学会觉察他人的需求。

绅士往往善解人意，并体贴关照，因此受到欢迎和爱戴。我们在培养孩子的时候，也应该注重这一点，让孩子及时觉察别人的需求，这样才能读懂对方的心思，并做出对方需要的动作，说出对方想听到的话。否则，即使孩子做了很多自以为"有用"的事，却不是对方所需要的，那只能说是徒劳的努力，不但没有正面作用，反而还会给人带来或大或小的烦恼。

古语有言："少年若天性，习惯成自然。"如果孩子从小没有养成良好言行举止的习惯，那么就很容易形成坏习惯，从而成为不得他人喜欢，甚至处处碰钉子的人。到那时，父母再想让孩子改变就难了。因此，作为父母，就应该从小培养孩子的绅士风度，让他具有优雅得体的举止，从而为他的未来铺就一条平坦大道。

6 孩子这么小，还不是化妆的时候

有个妈妈这样吐槽道："昨天我走在大街上，无意中发现一个原本活泼可爱的孩子染着金黄色的头发，还烫着卷发，小手还被大人紧紧牵着，小心翼翼地过马路；走到马路拐角处，远远地看见一个孩子眼睛好黑好大呀，走近一看，画着黑眼线还贴着眼睫毛，脚上的高跟鞋嗒嗒响，而她只是一个五六岁的小女孩儿。"

我们知道，一个人审美水平的高低将直接反映到其气质上来，往往气质高雅的人，他的审美能力也高。这样的人知道在什么场合穿什么衣服，戴什么首饰。

而对于幼小的孩子而言，他们最初对于美的追求可以是从模仿一些成年人开始，穿流行时尚的衣服，笨拙地学着大人化妆。这样可能会因为盲目追求美而出现一些低级错误。父母若是发现了，一定要及时干预，因为化妆这件事，不仅仅关系到外表形象，对于孩子来说，化妆也关系到孩子的身心健康。

前段时间，某视频社交媒体上一位女孩子非常走红，这位女孩子今年才十岁，却在社交媒体里面经常分享自己的故事。为了博取粉丝量的上涨，还出其不意地化妆打扮。女孩妈妈在一次下班回到家，发现自己十岁的女儿浓妆艳抹，十分惊讶，几乎不敢相信这是自己的女儿。

通过妈妈的进一步了解，她发现自己女儿的账号里面有着很多不同风格的化妆视频，之前都没意识到自己才十岁的孩子已经沉迷于浓妆艳抹。

　　爱美之心人人都有，关于化妆的利弊我们也要清楚。化妆，是指人们在日常的生活中运用化妆品或者是工具，采取一些有规律的步骤和技巧，对我们的脸部进行描画，增强自己脸部的立体感。化妆是一种艺术，也是一种美的追求。它在一定程度上可以帮助一些没有自信的女性增强自信心，也会帮助她们增添魅力。但是，对于一个10岁的孩子来说，过早地沉迷于化妆，无疑是有百害而无一利的。例如，化妆品里面的物质可能与孩子娇嫩的皮肤不匹配。这样皮肤会出现刺激反应，从而导致皮肤的不舒服症状的发生。还有就是，孩子还在发育的期间，过早地进入化妆阶段，化妆品里面含有的一些物质不仅会给孩子的皮肤带来伤害，也会影响生长发育。

　　此外，一般年龄比较小的孩子，她们对化妆品不太了解，很多时候可能会贪小便宜，买一些劣质的化妆品，这对皮肤伤害就更大了。

　　当然最重要的一点是：孩子的审美还没有形成，热衷化妆可能也只是因为跟风，而且孩子并不了解什么才是适合自己的妆容，很多时候反而没有起到积极的作用。此外，在一定程度上，孩子过早地了解化妆，可能会混乱了她们的价值观，原本属于孩子的童真也会被磨灭掉。因此从心理角度来说，孩子过早化妆也是不适合的。

　　父母对于孩子的态度将直接影响他对于美的追求。诚然，父母都希望自己的孩子懂得穿衣打扮，拥有不俗的气质，可是这些都离不开父母的正确引导。对于那些过早对化妆产生兴趣的孩子，父母不妨用转移注意力的方法去提升孩子的审美观念，让孩子在属于自己年龄的范畴内尽情施展创造美丽的才能。

　　例如，很多孩子都有自己的毛绒玩具，父母可以让孩子为玩具穿衣服、换衣服，并且告诉她："孩子，你试一下，怎么给娃娃穿衣服才最美丽呢？"这时候孩子就会很乐意地为玩具换衣服。此外，父母可以让孩子动手给娃娃制作衣服及小装饰，如给孩子一块漂亮的布，让她给娃娃穿上一条花裙子，或者让孩子往娃娃的头上戴一下，看怎么弄会更美丽。这些都是让孩子施展创造美丽才能的表现，不知不觉中你会发现，孩子越来越会打扮自己了，也变得更加漂亮可爱了。

孩子的成长其实很需要家长的陪伴，家长要为孩子把好关，避免孩子过早形成与自己年龄不相称的审美观，同时也要给予孩子正确的教导。在如今这个充满物质诱惑的社会中，作为父母，首要的任务就是帮助孩子找到属于他自身的个性之美，始终让孩子拥有一份自尊自信。这样，你的孩子就不会盲目追求不属于自己的美，而更能体会到创造美的过程比享受美更令他陶醉和欣喜。

第五章

做成功父母，培养孩子的优秀品质

当孩子呱呱落地来到我们的世界时，作为家长，一种莫名的责任感便会油然而生。在现今这个多元的社会中，注重培养孩子的各种优秀品质是适应社会的最好办法。那么，应培养孩子的哪些优秀品质？如何培养孩子的优秀品质呢？

1 让孩子养成谦虚的好品质

谦虚是一种美好的品德，更是一个人成才成功的要素。因为要想成才成功，哪怕有一个环节做得不到位，都有可能把"才"限制住，使其发展受阻。一个人只有具备谦虚的品性，才能时刻感受到自身的不足，从而更努力地学习，通过不断丰富知识来提高自身的素质。

生活中，有不少父母会发现，孩子有时候会因为下意识的虚荣心，而出现不懂装懂的情形，有时候是为了向别人炫耀，有时候是与小伙伴在一起时为了把别人"比下去"，还有些时候是因为某些方面取得了一些成就而刻意去夸大，等等。

当孩子出现这样的倾向时，家长一定要引导孩子，要想方设法消除孩子的骄傲情绪，让他懂得骄傲自满的害处，并培养他谦虚谨慎的品质，只有这样，孩子才能得到更大的进步，才能离成功越来越近。

静雨是个很有音乐天赋的女孩，小提琴拉得很棒，只要听过她拉小提琴的人无不赞赏她有音乐天赋。静雨一直生活在赞美和掌声之中，渐渐变得有些得意忘形，她开始贬低别人拉的曲子，甚至还听不进老师的指导。回到家经常一脸蔑视地跟爸爸说："爸爸，课堂上楠楠拉得小提琴真难听，我都听不下去了，老师居然还说她进步大，我看啊，老师拉得也不怎么样，还经常喜欢指手画脚。"

就这样，静雨总觉得自己是最好的，她不喜欢和同学探讨，不喜欢向老师请教，渐渐地，别的孩子小提琴越拉越好，她却停留在原来的水平上，一直没有进步。

中国有句古话："知之为知之，不知为不知。"一个谦虚的人能学到更多东西。承认人外有人、天外有天，才能认识到学无止境的含义，才能放开眼界，不断地吸收新的知识。

所以，作为家长，家庭教育中应该多引导孩子，帮助孩子戒除骄傲自大的性格特点，培养他谦虚谨慎的作风，告诉孩子：只有谦虚的孩子才有机会看清自己，看清别人，从而博采众家之长，人才能得以完善和成长。

其实在很多时候，孩子本来没有那么强，可家长偏偏会把自己的孩子夸成一朵花，爱子心理人人都可理解，但是，不靠谱的表扬简直就是等于拿孩子来显摆、吹捧，这样的吹捧不但不能把自己的孩子变得更优秀，反倒把他推进自大的陷阱，到头来，孩子只能做一个骄傲自大、眼高手低、大话连篇的"低能儿"。

因此，在孩子做一些力所能及的事情时，家长的表扬应当把握好火候，也可以引导孩子，如那些孩子自己可以独立完成的事情，就规定让孩子自己去做，培养他们独立的能力，也避免滥用表扬引起孩子骄傲自大。

此外，作为父母，要帮助孩子正确认识自我。

这里的关键是，你要让孩子认识到"山外有山，人外有人"，限定在一个很小的范围内的优势，在一个更大范围里是不算什么的。只有孩子能够对自己有个全面的认识，才能谦虚谨慎地对待自己取得的成绩，并且继续努力争取获得更好的成就。

只有谦虚，人才会不断地学习新知识、新事物，从别人那里汲取长处和经验，让自己不断进步。而一个骄傲自大、不懂装懂的人，则往往相反，他们会觉得自己处处强于他人，因此就不会主动向他人学习。这样的结果自然是原地踏步，甚至还会掉队。所以，当发现孩子有了骄傲自大的苗头时，作为父母一定要积极地给孩子定规矩，将他的这种不良苗头扼杀在萌芽之中。

2 培养孩子独立思考的能力

　　爱因斯坦曾说："学会独立思考和独立判断远比获得知识更为重要，发展独立思考和独立判断的一般能力，应该始终放在首位，因为不下决心培养思考习惯的人，便失去了生活的最大乐趣。"世界著名的成功学家拿破仑·希尔顿也曾说过："思考能够拯救一个人的命运。"他在一本名为《思考致富》的书中深刻揭示了运用大脑获取成功最好的办法，就是思考。

　　现在的妈妈们在一些现代教育观念的影响下，开始注重培养孩子的独立性。可是独立性又是个题目颇大的话题，许多家长感到无从着手。其实，要想培养孩子的独立性，妈妈们首先要做的就是培养孩子独立思考的能力。

　　对孩子来说，只有从小掌握独立思考的法宝，才能够拥有创造力，更好地掌握自己的命运。而作为妈妈们，最重要的就是要培养孩子的独立能力，让他懂得如何去思考、改变自己的人生轨迹，并为自己的人生绘出美好的蓝图。

　　对于勤于思考这一点，现代原子物理学的奠基人卢瑟福十分推崇。有一个这样的小故事：

　　一天深夜，卢瑟福偶然发现一名学生还在实验室埋头工作，便好奇地走上前去问他："今天上午你在做什么？"学生答道："在做实验。""那么下午呢？"学生说："做实验。"听学生这样回答，卢瑟福不禁皱起了眉头，然后继续问他："你晚上在做什么呢？""也在做实验。"学生说完，奇怪地看着老师，不知他想说什么。

没想到，卢瑟福大为恼火，严厉斥责学生："你一天到晚都在做实验，那你想没想过，什么时候用来思考？"

在这个故事中，看似是一个勤奋的学生遭到斥责，委屈无比，但实际上恨铁不成钢的老师说出了他迟迟无法成功的症结。

学会思考对于正在成长过程中的孩子们来说，是一种好习惯，可是现在有好多孩子一遇到难题，就向妈妈要答案。这时候，如果你对孩子有问必答，时间长了，孩子会养成依赖的习惯，遇到问题时不会独立思考，这对孩子的成长没有一点好处。

我们多年来形成的传统教育惯性，只习惯于向学生灌输现成的科学知识，让学生只会被动地接受教师传授的知识，而不会独立地思考。要培养优秀的孩子，在他们正在成长的时期，教育他们学会思考比让他们获得知识更重要，这会为他一生的成功奠定良好的基础。

因此，作为家长不妨从以下几个方面来给孩子立下相应的规矩，督促孩子学会思考，提高独立解决问题的能力。

首先，鼓励孩子发表自己的看法。

作为父母，在日常生活中，一定要鼓励孩子敢于发表自己的看法。即使他说得并不完全正确，也要让他说完，并给予恰当的指导，让孩子有自信地说下去。如果孩子发表了正确的意见，你要及时肯定和表扬，这样孩子就会增强发表意见的信心，只有这样他才能更好地养成勤于思考的好习惯，并练就活跃的思维能力。

其次，要给孩子自己处理问题的机会。

在孩子的学习和生活中，经常会遇到各种各样的问题。对于这些问题，妈妈们最好的处理方式是与孩子共同讨论，一起设计解决方案，让孩子在这一过程中学会分析和归纳，以及处理问题的办法，这将对提高孩子思维能力和解决实际问题的能力起到很大帮助。

最后，让孩子多玩一些思维游戏。

很多关于思维的故事和游戏都能锻炼孩子的逻辑思维能力，并促使他养成勤于思考的好习惯，因此你不妨在生活中为他创造一些类似的游戏，来培养他的思维。

正所谓 "学而不思则罔，思而不学则殆"。一个人，只学习而不去思考就会感到迷茫，这足以说明，思考是孩子在学习过程中不可或缺的环节。孩子是否聪明，不在于掌握多少知识，而在于是否会思考。所以，父母在日常家教的过程中，要给孩子多制造思考问题的机会，孩子才会真正变得聪明。

3 "书山""学海"最需要探索精神

常言道："书山有路勤为径，学海无涯苦作舟。"喜欢思考、乐于探索是孩子的天性，这也是他们好学精神的根源所在。其实，探索精神并不是只有那些我们心中所认为的"天才"们才有，它几乎体现在每一个发育正常的孩子身上。从天性来说，孩子生来就是探索者，有着强烈的探究和学习欲望。这种欲望驱使着他们一次又一次地尝试，无惧困难，不怕失败，直到找到答案为止。

在美国，曾经有这样一个孩子，他总是有各种各样的想法，想象力强得让人吃惊。面对这样一个只有几岁的孩子，有的人告诉他的妈妈："你还是管管他吧，天天胡说八道怎么行？"

谁知，他的妈妈却一笑，说："为什么要阻止他？他只是个孩子，有着丰富的想象力，这说明他很正常！"

一天，这个孩子又在院子里玩。突然，他制造出了一阵很大的声音，于是，正在做饭的妈妈问："孩子，你在做什么啊？"

这个孩子大声回答道："放心吧，妈妈！我只是想要跳到月亮上去！"

孩子的话，逗得妈妈哈哈大笑，说："好呀，你在月球上好好玩吧，不过，可别忘了回家吃晚饭哦！"

就这样，这个孩子在这样的环境中快乐地长大了。后来，这个孩子成了第一个登上月球的人，他就是阿姆斯特朗。

实际上，孩子的好奇心和善于探索的精神具有一定的普遍性，但能否一直坚持下来，则在很大程度上取决于父母的教育。每个人内在都潜藏着强大的能力和力量，即使是普通的孩子，只要能够充分激发其探索精神，也会成为不平凡的人。

不过，我们发现，有不少孩子随着年龄增长，对事物探索的兴趣减少了。上学之后，他们不爱学习，做事情也总是马马虎虎，总是满足于一知半解。这样的孩子，其最终的结果可想而知了。

那么，要想让孩子始终保持强大的探索精神，就需要父母在日常教育的过程中有意识地去强化，无论是通过引导，还是采用其他的激励手段，去最大限度地保持孩子的好奇心和探索欲望。

首先，鼓励孩子细心观察生活，大胆地提出问题。

在日常生活中，孩子们会被许多新奇的事物吸引。妈妈们可以利用这一点，引导孩子通过小事、小细节来思考问题，并大胆地提出问题。我国著名教育家陶行知提醒家长："发明千千万，起点是一问。人力胜天公，只在每事问。"孩子提出的问题，你不要全部给出答案，但可以这么说："这些问题我也不知道，不过，我们可以查阅资料，努力找出答案。"

其次，让孩子勇敢去思考和探索问题。

当孩子还在年幼的时候，或许看不出有多聪明，但孩子的发展有很大的可塑性。因此，作为陪伴孩子成长的妈妈们，要尽力满足他们在知识、能力、判断方面的自尊心，避免让孩子感觉自己是个"笨蛋"。你不要说"你怎么连这个都不懂"，也不要说"你不懂，让我来告诉你"，而应在孩子面前表现出自己的谦逊，"我想，你对这个问题应该是比较了解的，那么你来谈一谈自己的看法吧"。这样一来，由于孩子的自尊心得到保护，他就会尽力探索问题，而不是对什么问题都不求甚解了。

最后，让孩子多总结自己的探索心得。

很多时候，孩子的探索活动没有一个长期的计划，需要家长给予正确的启发和诱导。在每一次探索活动中，家长可以让孩子根据自己的计划去想办法、安排时间、注意安全等。然后组织家庭成员展开讨论，让孩子汇报自己的探索成果，从而激发孩子的探索热情和信心。

未来的世界是一个需要不断创新的世界，这种精神和能力在各个领域中都不可或缺。如果孩子从小养成了爱思考的好习惯，那么长大后对于未知的世界就会富有探索精神，这将有助于他们获得心灵的满足、学习的动力及事业的腾飞。所以作为父母，有必要保护好孩子爱思考的兴趣，让他们的心灵在不断探索中获得成长和满足。

4 志存高远，
让孩子拥有理想

生活中，我们经常会给我们的孩子灌输这样的理念：壮志凌云，志在四方；胸怀天下，四海为家……因此，每个父母都希望自己的孩子从小就显示出大出息，具有伟大的抱负，将来做出一番顶天立地的成就来。

但事实上，孩子毕竟是孩子，他们对人生的认识是肤浅和模糊的，他们的志向总是跟自己的生活环境息息相关。例如，他会觉得售票员好神气，便发誓自己以后也要当售票员；他觉得解放军叔叔好勇敢，便想着自己以后也要去当兵；他看到电视里的明星很酷，便把自己的理想定位在明星上；他们崇拜奥特曼，便希望自己以后也能去拯救人类；他们看到新的"神六"，又把目标定在航天员上……

梁朝栋活泼开朗，善于言谈，深受老师和同学们的喜爱。

有一次，老师问同学们有什么理想，梁朝栋把手举得很高，很自豪地说："我长大后要做一名船长。"老师问："为什么呀？"梁朝栋回答："我向往着大海中自由驰骋的感觉。"老师微笑着点点头，同学们也越发地崇拜他。

梁朝栋之所以有如此坚定的抱负，是与父亲对他的引导有关。梁朝栋很小的时候，父亲就问儿子："你长大了想做什么呀？"梁朝栋回答说："要跟爸爸一起天天在公园坐过山车。"

"坐过山车当然可以，但是，爸爸是问你长大后具体想从事什么工作？"爸爸耐心地给他解释。"卖冰棍。"最近天热，儿子最爱吃冰棍了，所以会对这个感兴趣。

父亲看着儿子哈哈大笑："行，卖冰棍也不错，爸爸可以天天有冰棍吃了。"

等到梁朝栋上小学的时候，父亲再问儿子长大后要做什么，儿子说他也不知道将来要做什么才好。

父亲为此陷入沉思，慢慢父亲想通了，儿子没有理想，父亲可以引导他树立理想呀。

有一次，父亲带着梁朝栋到海边，试着暗示儿子："梁朝栋，你看蓝天、白云、大海是多么美呀，鱼儿在大海中游动是多么幸福啊！"

梁朝栋看看大海，神往地说："爸爸，我也喜欢大海，真想做一条鱼在海里快乐地游啊游啊，可是这是不可能的。"

"儿子，也没有什么不可能啊，你平时不是喜欢大船吗，将来可以做船长啊，这样就可以驾驶着你的大船在海上驰骋了。"

梁朝栋一听，高兴地拍手："是呀，爸爸，我长大后可以当个伟大的船长，驾驶着我的大船征服大海，哈哈。"

梁朝栋的理想就这样诞生了。

孩子就是这样，好奇心强，自控能力差，自己的远大志向非常容易受周围环境的影响。他们会随着自己年龄的增长和认识水平的提高而不断调整。

另外，没有理想的孩子不在少数。如果孩子不知道将来要做什么时，父母不妨给孩子一些暗示，如"当老师可以整天与一群无忧无虑的孩子在一起""当医生会被人们尊为'白衣天使'"等。

在了解了孩子的基础上，父母需要运用自己的人生经验和智慧，来引导他具有一个远大的理想抱负，这一点很重要。因为孩子最初的时候，往往并不知道自己干什么好，父母的正确引导就显得尤为重要。

父母们都知道，理想是孩子前进的方向和驱动力。因此，要想让孩子取得成功，很关键的一步是让他们意识到理想的价值所在。父母们不妨和孩子谈谈理想有哪些巨大作用，当孩子意识到理想的巨大促进作用后，他就会自觉地在父母的教育和督促下，采取积极的措施促成理想的实现。

理想就像海上的灯塔，在它的引领下，航船才能有目标和方向。作为父母，应该有意识地通过各种方法来了解和培养孩子的理想。另外，父母也可以多带孩子外出旅游，领略各地的风光，提高孩子对社会的认识，激起孩子热爱自然、热爱社会、热爱祖国的情怀，从而树立胸怀天下的志向。不仅如此，父母还可以多鼓励孩子参加学校或社区组织的社会实践活动。通过在活动中锻炼孩子的自主能力，让孩子逐渐形成远大的理想和抱负。

5 让孩子昂首挺胸，带着自信"向前冲"

　　元旦前夕，乔乔的爸爸要带他去参加一家幼儿培训机构组织的少儿元旦联欢活动。活动主办方表示，希望前来的小朋友都能够踊跃报名，而且他们也会给每个孩子上台的机会。

　　爸爸知道儿子一向不太敢于表现自己，所以希望能够通过这样的方式逐渐培养起乔乔的自信心和表现欲。

　　可是，爸爸再三说服和鼓励，也没能让乔乔鼓起上台表演的勇气，当看到别的孩子积极而热闹的表演，乔乔的爸爸羡慕极了。

　　他多么希望自己的儿子也和那些活跃的孩子一样，不管水平如何，都敢于上台表演。

　　他曾多次问过儿子，到底为什么不敢上台。乔乔的回答是，担心自己表演得不好，怕别人取笑。

　　其实，不仅这一次，乔乔平时在学校也是个缺乏自信的孩子。班主任张老师来做过几次家访，每次谈到乔乔在学校的表现，老师都会特别强调：胆小，不积极回答问题，不爱参加集体活动等。

　　面对这样的儿子，乔乔的父母很焦虑，他们一时也找不到什么好的办法来引导孩子。

　　像乔乔这样的孩子，在我们的生活中经常可以见到。他们不管做什么，总会担心自己这也不行，那也不好，怕自己做得糟糕，被别人笑话。这种现象显然是缺乏自信导致的结果。

孩子一旦缺乏自信，就会大大降低他成才、成功的机会。因为不自信，孩子不敢表现自己；因为不自信，孩子心态消极；因为不自信，孩子缺少伙伴……

作为家长，多么希望自己的孩子都能够大胆地抬头，大方地说话，对自己抱有信心呀！一个自信的孩子能够昂首挺胸，那么在他的头脑里就会产生这样的潜台词——"我能做到""我会做得很好""这点问题对我来讲不算什么"……假如你的孩子具备了这样的心态，那么他就肯定能形成健全的人格，能够不断地努力和进步。

当然，要想让你的孩子充满自信，那么做父母的得先给孩子积极的肯定，即便孩子遭遇了失败和挫折，父母也要从保护他们的自信和热情出发，多给予肯定，从而激发孩子积极向上的精神。那么，父母们在日常的家庭教育中要如何去做呢？

首先，作为父母，要给孩子充分的信任，他才会相信自己。

如果父母敢于撒手让孩子独立做一些事，那么孩子就会认为"父母认为我可以"，在这种积极暗示下，他就会真的认为自己是可以的。只有得到来自父母的信任，孩子心理才会有种踏实感和安全感。

其次，在给孩子制订规矩和标准的时候，要求不要过高。

有些家长常常给孩子设立无法达到的标准。例如，希望孩子保持房间整洁，希望他们必须把作业做到十全十美。在与孩子的交谈中，总是认为孩子还没有尽最大的努力，觉得他们本来可以做得更好。这样孩子自然无法达到标准，家长也就失去了鼓励孩子的愿望。

再次，客观承认并接受孩子之间的差异，帮助孩子取长补短。

当父母看到自己的孩子和别的孩子有差异时先不要着急，这种差异未必就是差距。孩子跟别人的差异性往往是其个性形成的开始，其实，这种差异更需要父母来加以保护。例如，自己的孩子脑子迟钝一些，教育孩子笨鸟先飞，多卖些力。

最后，让孩子"品味"失败。

通过适当的挫折教育，也可以加强孩子的自信心。在孩子的早期经历中，"成功"固然有助于建立自信，但是培养孩子自信心的目的之一，是为了帮助他们正确地面对挫折与失败。要使孩子将来有所建树、有所成就，就不仅要让他们在人生之初体验成功，更要让他们在后来的学习生活中适度地承受挫折。例如，当孩子和小伙伴相处时发生冲突、考试考得不好时，常会失去自信，产生退缩之感，甚至变得越来越软弱，这时父母要及时疏导，帮助孩子分析遭受挫折的原因，找出失败的症结，从而避免孩子情绪严重受挫。要让孩子体会只有战胜了困难才能前进，要时刻以乐观积极向上的人生态度去影响和感染孩子，丰富他们的生活经验，使孩子学会客观地看待生活中的事物。

毋庸置疑，每个父母都希望孩子充满自信，而自信心也正是孩子生命中的一把火炬，高举着它就能让孩子将自己人生的每一处照亮。既然如此，那么父母们就要避免一些错误的教育方式，而是多一些耐心，用正确的方法给孩子多一些智慧，让孩子始终高昂自己的头，带着自信"向前冲"！

6 把握好"度"，让孩子远离自负

"妈妈，你看我又考了全班第一，我真是个天才，哈哈！"孩子有了成绩，自然不愿藏在心里，恨不得拿起大喇叭通知所有人，一起分享其中的快乐。而父母看到孩子的成功，一样也是喜不自禁，由衷地夸赞起来。

父母的赞扬没有错，这会让孩子充满自信，敢于迎接挑战。但是，我们千万别赞美过了头，让孩子的信心过于膨胀，形成目中无人的自负。自负的孩子对于挫折的承受力较差，一旦遇到挫折，他就会脆弱得不敢面对现实，心理状态迅速崩溃。并且，自负的孩子，永远只能在意气用事中，高估了自己的真正实力。

刘博原本是个自信开朗的孩子，可是自从一次测验后，爸爸妈妈觉得儿子身上出现了问题。原来，爸爸妈妈询问他考得如何，刘博回答"挺好的"。可是，开家长会后，刘博的爸爸妈妈才发现，儿子最近的成绩比较靠后，根本不像他说的"挺好的"。

刘博的妈妈很生气，于是找到了儿子，厉声问道："考出这样的成绩，你还认为挺好的吗？原来你一直欺骗我们，真不像话！"

面对妈妈的指责，刘博鼓着腮帮子说："这次出的题目太偏了，我复习的内容都没考嘛！否则的话，我一定会考得很好的！看下次，肯定能进前十名！妈妈，你要相信我的实力非常强，同学们根本不是我的对手！"

听完儿子的这番话，刘博的妈妈气得无话可说了，无奈地摇了摇头。

我们能感受到，刘博对自己的那股子自信劲儿。可是，谁都明白，他的自信其实就是自负。如果照此发展下去，刘博的"自信"很可能会降低他努力的劲头，带来学习的停滞不前。

所以，家长一定要看清自己的孩子究竟是自信还是自负。对于正在成长中的孩子来说，他们的情绪和性格特征还不稳定，常常会混合着出现自负、自信、自卑等多种情绪。是自信，我们当然积极鼓励；但对于自负，我们也一定要积极扭转。倘若不加以引导，由着孩子的性子来，那么就有可能造成孩子走一辈子的弯路。

因此，在孩子自负的问题上，父母一定要注意把握好"度"，避免孩子出现心理偏差。下面，我们就来看一下如何才能把握好这个"度"，以让自己的孩子能够"正确地自信"。

首先，做对了就表扬，做错了就批评。

由于孩子心智尚未成熟，他们自信心的培养还需要父母及师长的引导和培养。如果孩子经常得到高于自己实际水平的虚夸表扬，将会很容易导致自负；相反，如果孩子经常得到贬低和否认，则会形成自卑。

所以，父母如果经常因为担心孩子不高兴而一味宠着孩子，或者担心孩子骄傲自满而一味打击孩子，孩子做对了就表扬，做错了就批评，并且引导孩子如何改正错误。只有两者相结合，才能帮助孩子准确进行自我定位。

其次，当孩子自负的时候帮着"降降温"。

孩子的情绪就像六月的天，来点乌云就下雨，给点阳光就灿烂。有时孩子受到他人的吹捧，会产生飘飘然的感觉，认为谁都不如自己，并且不愿意踏踏实实地做事或学习。这样的情绪，父母都应当帮助其进行调整，要及时指出孩子的问题，为他"降温"，帮助孩子走出自负。

最后，让孩子感受"天外有天"。

孩子之所以自负，是因为在小环境内，他暂时找不到对手。因此，父母可以带着孩子感受外面的世界，让他接触到比自己更优秀、更具专长的人，认识到"强中自有强中手"。

当然，几乎所有的孩子都在成长的路上出现过自负的情绪，这是由孩子的认知能力决定的，所以父母不要因此就大发雷霆甚至拳脚相加。只有"润物细无声"的教育，用规矩来应对孩子的自负，让孩子更加清晰地认识自己。

7 纠正是非观， 孩子才能明辨是非

一位妈妈曾经在育儿群里分享过这样一件事情：

孩子上幼儿园的时候认识了很多同学，有了不少好朋友，家长之间熟悉之后，即便是后来分别上了不同的小学，我们还是会经常利用节假日让孩子互相串门、一起玩、一起吃饭联络感情，曾经有一个小男孩给我留下了深刻的印象。

当时是周末，他来家里做客跟我们一起吃饭，中间电视上播出了一则新闻，说的是一户人家由于过度装修，导致孩子患上了白血病。病房里小孩子可怜楚楚的样子吸引了两个孩子的注意。在给他们讲解了电视里的小孩子患上白血病的原因之后，这个小男孩突然说了一句让我震惊的话："房子装修了可以先租给别人住嘛，等味道散了再自己搬进去住。"

一个刚上小学的孩子，怎么能够说出这样的话呢？我忍住吃惊的情绪，轻描淡写地问他："你怎么知道这个办法呀？"小男孩的回答印证了我的猜想：他家不久前装修了房子之后，他的父母就采用了这样的方法……

正所谓"孩子是父母的影子"，其实我们会经常遇到这样的家庭和孩子。作为家长，他们从不纠正孩子的是非观，导致孩子在遇到一些问题的时候，连基本的是非黑白分辨能力都没有，甚至连三观都是错的。很难想象这样的孩子长大之后会变成什么样子，一个孩子如果连最基本的是非观都无法建立起来，成年之后他的人生之路会怎样发展，可想而知。

著名教育家苏霍姆林斯基说："真正的教育者不仅传授真理，而且传授对待真理的态度。"也就是告诫我们要培养孩子正确的是非观，让孩子学会明辨是非，如果是非不分，学坏是很容易的。家长如果能做到三观正确，并且经常用扬善避恶的是非观念去教育孩子，就会使孩子逐渐提高明辨是非善恶的能力，并且成长为道德高尚的人。

孩子在成长的过程中，最先给他们是非观念的是父母。在应试教育大行其道的中国，我发现有很多家长都把孩子的教育重心完全放在成绩上，只要孩子考试分数高，其他的一切问题都不是问题，甚至连是非观念、道德感及责任心等最基本的人格因素都被一些家长忽略掉了，这是极其愚蠢的做法。

孩子是一张白纸，他们内心深处道德行为的形成，以及对是非好坏和善恶的认识、辨别，都依赖于潜移默化的学习和影响，在这个过程中家长起着最主要的作用。如果一个孩子有了是非善恶这方面的辨别能力，他们良好的道德品质就有了基础。明辨是非可以说是一个人社会属性的基础，也是作为家长应该首先要重视的问题。

作为父母，应该从小就帮助孩子建立正确的是非观念与行为习惯。很多家长有这么一个误区：那就是认为孩子年纪还小没关系，长大了慢慢就懂事了。殊不知一旦孩子养成不良习惯，积重难返，等到这些不良习惯影响到孩子的性格和人生观之后，就很难再通过教育改变了。

在生活中，我们往往发现，那些能够明辨是非的孩子，他们的自律能力要优于其他孩子。对于这样的孩子而言，他们心里知道什么事情是应该做的，懂得自我约束和自我规范，这恰恰是自律的表现。所以，家长不仅仅要注意身教的力量，还要注意给孩子定规矩，培养孩子分辨是非的能力，让孩子自觉地规范自己的行为，把孩子培养成"晓事理、明是非"的孩子。

培养一个有正确是非观的孩子，对于家长来说，言传身教都是非常重要的，家长不但要以身作则，做好自律，还要时时刻刻督促孩子，刻意地去影响孩子，让孩子耳濡目染，潜移默化之中自然而然地接受正确的是非观念，让孩子拥有责任感和明辨是非的能力。

生活中衣食住行都是家长教育孩子的材料，比如清早起床为什么要学习自己穿衣、整理被子，吃饭为什么不能挑食、不能浪费，到公园里游玩为什么要遵守公共秩序，为什么不能摘公园里的花，过马路为什么要看红绿灯、走斑马线等。家长也可以经常与孩子一同做游戏，游戏时可以有意识地创设情境，让孩子从情境中明辨是非，比如与孩子玩乘公共汽车的游戏时，就可以创设一个小白兔给生病的小熊让座位的情境，游戏结束后要不失时机地引导孩子明白小白兔的做法为什么是对的，这样让孩子在具体的活动中去明辨是非。教育无处不在，关键是家长要善于利用生活中的教育契机，有效地帮助孩子树立辨别是非的习惯。

8 在游戏中养成孩子爱思考的习惯

几年前，网上有一个很火的帖子，讲述了美国教师如何给孩子们讲著名童话《灰姑娘》。老师问孩子们："你们说，如果十二点到了，灰姑娘没有坐上南瓜马车，会出现什么事？"

孩子们说："她会变得灰头土脸，穿着旧衣服！"

老师说："对啊，这是多么糟的一件事啊，所以大家一定要做到守时，特别是女孩子，要注意外表的美丽，每天都要让自己干干净净。"

老师又问："大家说，灰姑娘去参加舞会只是靠仙女的帮助吗？"

孩子们回答："不对！还有老鼠、南瓜等！"

老师说："对，他们一起帮助了灰姑娘，所以大家一定要记得，每个人都离不开朋友的帮助。"

……

这个帖子很长，回帖的人都佩服这位老师的智慧，惊呼："这就是教育的差距！"

父母作为过来人，回头看自己受过的教育，难免有更深的感触。也希望在孩子小的时候，就找到一套行之有效的教育方法，让他既能承担繁重的课业，又能在繁重之余，以童真的心情感受童年，最好还能尽可能地扩展他的思维，让他有更广博的知识储备、更独特的思维方式……

其实，父母大可不必为锻炼孩子思维煞费脑筋，就像美国老师讲《灰姑娘》那样，讲故事、猜谜语、做游戏……在孩子们喜欢的活动中，你就可以见缝插针，启发他们思考，这样做不但不会招致他们的厌烦，还会让他们乐在其中，觉得游戏更有滋味。

任何游戏都可以是智慧的启蒙。例如，搭积木很简单，但是要把积木搭成高塔，需要考虑每块积木的受重；要把积木搭成宫殿，要考虑每个积木的图案。这些都可以称为学问，都可以在孩子娱乐之余，教给他们知识。但是，孩子常常沉迷于游戏本身，沉迷于游戏带来的快乐，忘记思考这回事。你也许会发问：游戏真的能让孩子具备独立的思考能力？其实，关键是在孩子做游戏的过程中，家长是否能够引导孩子思考。

要知道，每一个游戏都能找到一系列的问题。例如，为什么陀螺会转？为什么人可以浮在水上？为什么风车可以扇风？父母是孩子第一个老师，也许你还无法让孩子理解什么是惯性、浮力和摩擦力，但是，只要他肯想、肯问，那就是一个好兆头。

所以说，在游戏中，家长一定要引导和督促，为孩子打开一扇求知的门，让他们玩得开心、学得轻松。

另外，父母一定要教给孩子这样一种思维方式：做每一件事都要思考方法，思考如何做得更好。思考时，最重要的是思维方式，一旦习惯某一种思维方式，做什么事都会不自觉地代入。倘若你的孩子在每一次游戏时，都想着如何把游戏做到最好，今后他做什么事都会讲究认真，寻找方法，在学习上也是如此，这会为你的教育省下不少时间和力气。

还有很重要的一点就是，一定要训练孩子独立思考，从而形成自己的见解。

孩子能说话的时候，就已经具备了发表意见的能力。当他的思维逐渐形成，就可以训练他发表自己的见解。从小就要让他养成良好的独立思考习惯，没有亲眼看到的东西，不要乱说；没有亲自调查的事情，不要下定论；大家都在说一件事，不要跟风、人云亦云。如果你的孩子能做到这三点，他的每一个见解都会有分量。

小孩子接触的事情太少，容易形成偏见，而且固执起来，九头牛也拉不回来。这个时候，千万不要专断地说："不对！你必须按我说的做！"这只会让孩子更加"藐视权威"。对付固执的孩子，最重要的是有耐心，用实际例子一点点纠正他的错误看法，或者干脆让他实践一下自己的错误，碰上一鼻子灰，他自然会对家长的话多一分信服，今后更愿意听家长的建议。

9 让孩子做个有担当的"小大人"

一位著名的记者到瑞士访问的时候，无意中在卫生间发现一件让他吃惊的事。他看到一个十岁左右的小男孩进到隔壁的小洗手间，很长时间都没有出来。他注意倾听了一会儿，听到里边发出一些奇特的响动。

由于好奇，这个记者又听了一会儿，小男孩还是没有出来。他担心这个孩子遭到意外，就走近小洗手间，透过门缝观察里边的情况。结果里面的景象让他惊呆了！原来，这个孩子在修理马桶盖！经过询问才得知，小男孩上完厕所后，发现不能冲水，于是他就一直待在那里，想方设法要把马桶修好。

看完这个故事，父母们是不是和这个记者一样感到惊诧？别说一个孩子，即使很多成年人遇到类似情况也会一走了之。但是这个小男孩却没有这样做，在责任感的驱使下，他独自承担了一件对他来讲颇有难度的事。

不得不承认，这个男孩的父母对他所进行的教育是相当成功的。因为责任心是衡量一个人是否成熟的重要标准，同时责任心也是一种习惯性行为，是成为一个优秀的人所必备的素质之一。我们的孩子只有拥有了责任心，才能拥有前进的动力，进而取得更好的成就。

几经波折，最后终于登上美国总统宝座的林肯曾这样说："人所能负的责任，我必能负；人所不能负的责任，我亦能负，如此，才能磨炼自己。"生活中，父母们无不希望自己的孩子将来能够成为一个有责任心的人，然而现代家庭的教育却不尽如人意，很多孩子只会坐享其成，没有责任心。

事实上，责任感是任何一个民族和文化崇尚的最重要的道德品质之一，凡是社会中的一员，不管是青壮年还是老年人，抑或是孩子，都需要承担责任。责任感是我们每个人对自己言行所带来的价值进行自我判断后的情感体验，更是我们安身立命的基础。因此作为父母，一定要从小给孩子定规矩，培养孩子"有担当、负责任"的性格。

首先，我们要明白：一个人的责任心绝非与生俱来，而是经过父母从小的培养才能得来。因此，想要培养孩子的责任感，让他对某件事情负责到底，父母得先让自己成为一个有责任感的人，遇到什么事情敢于承担，而不是推卸责任。只有这样，才能让你的孩子从父母身上获得榜样的力量，并逐渐学会对其自身的行为负责任。

其次，要让孩子知道他需要承担一定的责任。一些父母在教育孩子的时候，往往因为方式不当，而将一些不恰当的观念灌输给孩子。例如，有的父母想培养孩子爱劳动的习惯，就会对孩子说"来，帮妈妈洗洗碗"，或者"孩子可不可以帮爸爸擦地板"；等等。殊不知，这样会让孩子认为做家务是父母的事，和自己没有直接的关系，不属于自己的责任范围；他向父母"伸出援手"不过是在自己乐意的情况下所进行的偶然行为，根本不会把这看作自己分内的事。

还有就是，要让孩子学会处理自己的事情。有些父母大包大揽，几乎把孩子的事情都给包办了，这样孩子就没有施展手脚的机会，也就没有责任意识。所以，要想培养孩子的责任心，需要父母克制包办的欲望，在孩子学习和生活中及时纠正他的不良习惯，让他学会自己的事情自己做。

随着孩子年龄的逐渐增长，他所做的事情也会一点点多起来，父母就可以据此进行明确的分工，分配孩子做一些在他力所能及范围之内的事。这样就会克服孩子的依赖性，学会独立做事的同时，责任感也得到了培养。

一位十岁的男孩揽下了家里所有倒垃圾的工作，并始终乐此不疲。之所以如此，原来是在他五岁的时候，父母为了鼓励他参加家务劳动，在他偶然一次帮助家人倒垃圾的时候，给了他很高的评价。父母夸他是自己的好帮手，是个能干的小伙子。这大大激发了男孩主动倒垃圾的自豪感，并逐渐形成了习惯，以至于这项劳动作为他分内的事，一直坚持了五年，并当作了一种责任。

或许很多父母都觉得责任感是一件十分严肃和神圣的事情，不该在年纪尚小的孩子身上培养。实际上并非如此，对孩子责任感的培养需要从小做起，只有从小处着手，在日常生活中的点滴小事中慢慢培养，他才会逐渐懂得责任感的重要性，以及如何去做。

10 事情要么不做，
要做就专心致志

一说到伟大的科学家牛顿，我们都不陌生，很多孩子对他的事迹也略知一二。

牛顿一生中的大多数时间都是在实验室里度过的，每次做实验，他总是通宵达旦，注意力十分集中，有时候一连几个星期都不出实验室，不分白天黑夜地工作着。

有一次，他和朋友约好来他家里吃饭，结果朋友们来了，他还沉浸在实验中。等了很久之后，饿着肚子的朋友只好自己到餐厅把准备好的午餐吃了。这时候，见牛顿还没出来，就把牛顿那一份也给吃掉了。

过了一会儿，牛顿从实验室出来，走到餐厅，当他看到自己的碗里只剩残羹时，不觉惊讶地说："原来我已经吃过饭了啊，我居然给忘了，难怪没有感觉到饿呢！"就这样，牛顿又重新回到实验室去忙碌了。

从这个故事中，我们不难看出，牛顿的高度专注精神何等令人钦佩。也正是他的这种精神，使他在科学领域取得了丰硕的成果，为后人留下了无数珍贵的经验。

由此想到我们的孩子，要想让他们拥有美好的未来，就一定要培养他高度专注的能力，因为只有专注于一个目标，才能最终在这个目标上获得成功。

　　倾其一生从事儿童教育的斯特娜夫人曾经说过："孩子只有先形成一种专心做事的习惯，才有可能在日后对自己的事业全身心投入，而不会被其他事物干扰。"

　　对于专注力，科学界也给出了这样的解释：高度专注的注意力包括三个方面："注意听""注意看""注意想"。注意还有四种品质，即注意的广度、注意的稳定性、注意的分配和注意的转移。也就是说只有将听觉、视觉、思维活动都集中起来，并将它的广度、稳定性、分配和转移能力训练良好，将其统一指向所需关注的对象，才能达到良好效果，而对孩子来说，无论做什么事情，只有保持注意力，聚精会神，才能事半功倍。

　　可是现实情况却让我们头疼，有些家长的抱怨之声总是不绝于耳：孩子做事情总是不专心，看书、画画时一会儿要喝水、找东西吃，一会儿又看电视、玩玩具……

　　面对这种情况，父母们更多的是担忧和无奈，他们真担心这样的状况会影响入小学后的学习，不知该怎样培养孩子的专注能力。

　　其实，注意力是可以培养的，虽然先天的遗传因素对于孩子的注意力有一定影响，但后天的生活和学习的环境及所受的教育影响更为重要。所以，父母们应当根据孩子的身心发展规律与特点，为他们创造良好的教育环境，从小就有意识地培养孩子的注意力，帮助孩子养成良好的高度专注品质。

　　首先，家长要为孩子营造安静温馨的环境。

　　环境对孩子的影响是很大的，要想让他做事时高度专注，父母必须给他创造一个安静的、没有干扰的家庭环境。这样，孩子的心才能安静下来，沉稳地去做他该做的事。

　　其次，家长要给孩子设定一个完成作业的期限。

　　有的孩子常有做作业拖拉的习惯，为了使他集中注意力，父母可以为他规划一下时间，如根据作业量，告诉他几点到几点是做作业的时间，到时候必须完成。这样就会增强孩子的时间紧迫感，慢慢地让他形成学习规律。

最后，要刻意去锻炼孩子"只听一遍"的能力。

我们常听到一句话叫"千叮咛，万嘱托"，这也正是很多父母在教育孩子时的生动写照。他们总觉得孩子年龄小，有些事需要多嘱咐几遍，其实这会让孩子习惯于一件事听好多遍，因此逐渐变得漫不经心，因为他觉得反正父母还会再交代，不必太用心去听。

当他离开家人走进幼儿园或者学校这样的集体中时，老师不会像家长这样反复嘱托，这样就容易造成老师讲的课他无法很好地理解，也就无法取得好的效果。因此，父母从小对孩子交代事情的时候，尽量只讲一遍，以培养他集中精力听人讲话的能力。

这样一来，一旦孩子尝到专心致志所带来的"甜头儿"，他就会逐渐产生兴趣。为此，父母可以通过鼓励、奖励等措施来帮孩子增添专心的兴趣，从而提高孩子的专注度。例如，当孩子按时完成了作业，而且做得很认真，父母可以通过言语表扬，也可以附加一些别的奖励。同时，还可以为他虚拟一个竞争对手，跟他说："谁每天晚上只需花一个小时就能完成作业，其余的时间还可以看动画片什么的。"

曾经有教育专家精辟地指出："'注意'是我们心灵的唯一门户，意识中的一切，必然都要经过它才能进来。"我们每个家长都希望自己的孩子将来能取得杰出的成就，但是要知道，"人才"的培养、形成是一个复杂的过程，这其中包含着多种多样的成才要素，而其中高度专注的能力是不可或缺的。

第六章

书山有路勤为径，学业有成讲规矩

现代社会，知识最重要，有了知识才会有进步。但是，有些孩子懂得活学活用，有些孩子只知死学，根本不会利用。孩子的一生都是学习的过程，父母要在学习方法上给以引导，让他们在学到知识的那一刻，就有运用知识的意识。学以致用，才是学习的最终目的。

1 "厌学小二郎"，拿什么谈未来

几乎每个学校的班级里都有几个逃学的孩子，这让很多家长头疼不已。问及孩子厌学、逃学的原因，曾经有一个五年级的男孩子"直言不讳"地说："我最讨厌学习，我最大的愿望就是像爷爷奶奶那样退休，不用学习。"

还有一些有厌学倾向的孩子，普遍反感学习，他们说，当他们一听到"学习""分数""排名"等字眼就想回避，有的还感到"恶心"。

四年级的张逸轩学习成绩处于中游水平，但他一直是个乖巧懂事的孩子。直到有一天老师来家访，父亲才知道自己的儿子也开始逃学了，父亲感到又惊又怒。因为每天张逸轩都是按时起床，下午也是按时放学回家，表现得非常正常。

第二天，父亲就不动声色地跟踪儿子，看儿子到底干什么去了。结果发现，张逸轩出了家门后就直接去网吧打游戏了。父亲看到儿子这样，抓住儿子就打了一记耳光，然后拖回家一顿训斥教育。

可是，张逸轩乖乖上学了几天后，又去了网吧，暴怒的父亲找了半个城才把儿子从网吧揪出来，自然是一顿暴打。

再后来，张逸轩越来越叛逆，后来直接发展到可以连着几天不回家，在网吧里度过。

父亲对他彻底失望了，白头发一天比一天多，以前那个乖巧的儿子早就不见了，变成了一个天天不着家、浑身脏兮兮的叛逆小子。

其实像张逸轩这样厌学、逃学的孩子并不在少数，遇到这样的情况，父母急得要命，往往说教不成就会添加"武力"，可是这些孩子却照常该咋办还咋办，弄得父母心灰意冷，不知道该怎么办好了。被惹急了的父母们往往会采取打骂，甚至极端的方式来对待孩子。

父母们这样做显然是不可取的，用打骂等方式来制止孩子逃学，很可能将孩子原本不多的求学热情扫荡得一无所存，更有可能会给孩子造成心理上的伤害，甚至引发青春期孩子的逆反心理。长此以往，经常反复地用这种极端手段"警戒"孩子，对孩子未来的身心、人格、情绪发展是极其不利的。

因此，父母要想正确地教育孩子，能有的放矢地说服孩子，在发现问题的时候，应该首先平息自己心中的怒气，冷静下来，然后再积极地去分析孩子厌学的原因，并且有针对性地制订对策，引导孩子朝着好的方向发展。

首先，以表扬和激励为主，有表现就要有表示。

父母要看到孩子的每一点进步，即便是孩子取得了微不足道的成绩，也应及时地给予表扬，让其树立自信心。在指出孩子的不足之处和小毛病时，语气尽量要温和，使孩子容易接受。这样才能让他更好地学习和生活。

其次，学习任务完成的情况下自己掌握课外时间。

不要只要求孩子学习，把孩子当作学习的机器。当父母知道孩子逃学是为了贪玩或兴趣爱好，不妨拿出时间来让他们尽情发展自己的兴趣爱好，如果父母对孩子要求太多，连正常的玩的时间都没有，孩子不厌学才怪。就如我们大人一般，天天工作不休息，谁能受得了？因此，只要孩子的正常兴趣得到一定的满足，就不会再通过逃学的方式来进行了。

最后，不允许跟逃学厌学的同学玩。

因为年龄的缘故，孩子最容易受到身边伙伴的影响，如果孩子经常跟一些爱逃学、怕学习的孩子玩，自然会受到他们的影响，一起商量着逃学后去干什么，如何向父母撒谎等。所以，如果发现自己的孩子与别的孩子一起逃学，就应该与对方孩子的家长联系，一起共同纠正孩子们的逃学行为。

总而言之，逃学产生的原因是多方面的。作为父母，对于孩子的厌学、逃学应该引起深思：我的孩子为什么会逃学？是否因为学习上遇到了困难，还是因为有人教唆引诱，抑或是学校里有人欺负他？弄明白具体原因之后，再对症下药，让孩子不再逃学、厌学，而是爱上书本、爱上教室、爱上学习。

2 作业写不完，
不要让孩子惦记看电视

作为父母，我们时常会看到这样的情形：很多孩子每天把大量时间放在电视上，放学回家之后，第一时间就是打开电视，找到自己喜欢的节目……

虽然电视节目可以拓宽孩子的知识面，陶冶孩子们的情操，但是孩子们长时间看电视，就会浪费大量的学习时间。孩子们被电视节目吸引，就会拖延做功课的时间，即便在妈妈的催促下坐在书桌旁，可心中想的还是电视节目中的内容，导致注意力分散，这样一来，学习的效果怎么能好？

不仅如此，长期看电视还会影响到孩子们的身体健康，长时间看电视，会导致孩子近视眼，还会影响睡眠质量。

小泽是一个聪明的孩子，但是却有懒散、拖延的坏毛病。平时什么事情都懒得去做，即便必须去做，也不能完全集中注意力认真做；做一件事情之前，他会找各种理由去推托，直到拖到没有时间去做了。

今年他上三年级了，妈妈为了让他改掉懒散和拖延的坏毛病，决定给他定规矩，禁止长时间看电视。这一天，小泽下午三点四十分就放学了，回到家第一时间就是打开电视机，看他喜欢的动画片。妈妈一看时间还早，就没多说什么。可是，这电视一看就看到了六点多，直到妈妈叫他吃饭，他才磨磨蹭蹭地从电视机旁站起身来。

吃饭的时候，妈妈警告他："你已经看了半天电视了，吃完晚饭必须马上写作业。"可是他一脸不情愿："老师留的作业不多，再说时间还早呢，就让我再看一会儿嘛！"在小泽的软磨硬泡下，妈妈最终同意再让他看一集动画片，可是时间到了，妈妈几经催促，他依然坐在电视机旁一动不动，直到妈妈真的生气了，他才开始写作业。

可是，电视看了这么久，孩子满脑子都是动画片里的人物，他哪有心思集中注意力写作业啊？而且，由于长时间看电视，孩子的眼睛已经疲劳，写作业的时间还时常揉眼睛。于是本来二十分钟就能完成的作业，小泽都写了一个多小时。

试想这种情况下写出来的作业，效果能好吗？果然，当妈妈检查的时候，发现字写得歪歪扭扭，简单的数学题都算错了。妈妈真想撕掉他的作业本，让他重写，可如果撕掉重新写的话，孩子就得熬夜，晚上休息不好又会影响第二天的课，因此只能放过他。

其实，小泽之所以沉迷于电视，做事拖延、注意力不集中，与妈妈对他的影响和纵容有很大的关系。小时候，妈妈为了做好自己的事情，长时间让孩子看电视，导致孩子离不开电视；长大后，妈妈想要给孩子定规矩，可是又一再妥协，纵容孩子拖延写作业的时间，所以孩子才难以改掉坏毛病。

那么，作为父母，我们应该怎么做呢？

首先，给孩子定规矩，并且严格按照规矩管理时间。

其实，要想克服孩子做事拖拉、懒散、长时间看电视的坏毛病，最关键的就是给他定规矩，并且严格按照规矩做事，不能妥协和纵容。

就拿上面的例子来说吧，妈妈可以立下这样的规矩：第一，放学回到家，第一件事就是写作业；第二，无论如何，作业都必须要在八点之前完成；第三，必须先完成作业，然后才能看电视；第四，每天只能看半个小时电视，或是每天只能看一集或两集动画片。

只要小泽妈妈坚持执行这几条规矩，那么孩子沉迷于看电视的坏习惯就会慢慢地改正，写作业拖延的问题就会有效得到解决。

其次，规定看电视的时间，选择适合孩子的电视节目。

在看电视这个问题上，不是说绝对不让孩子看，而是应该制订一个准则，规定看电视的时间，选择适合孩子看的电视节目。作为家长，不能放任孩子，不让他想看什么就看什么，如那些适合成年人的武打片、爱情片、悬疑片都不适合孩子看，而是应该让孩子看一些有教育意义的、益智的节目。

最后，想看电视，必须完成作业。

父母要明确一点，看电视是孩子的休闲活动，不能影响了学习和日常生活。所以，父母帮助孩子明确看电视与写作业的先后顺序，想要看电视，那么一定要先把学习任务完成，否则孩子容易沉溺于电视而不能集中精神做作业。

另外，在给孩子定规矩的过程中，也要考虑孩子的实际情况，具体问题具体分析。例如，父母认为孩子应该回家后立马就写作业，但有的孩子习惯先看一会儿自己喜欢的动画片，这样才能更专心地写作业，那么父母就要尊重孩子的特点和习惯，让他在自己最佳的学习时间内学习，这样，孩子才能更专注，效率也更高。

3 拒绝拖延，当天的作业当天完成

在课外作业这件事情上，有多少孩子能做到主动完成？有多少孩子放学后能够积极高效地完成课后作业？又有多少孩子每天在拖拖拉拉中浪费掉了宝贵的时间？相信大部分孩子都有拖延的毛病，没有养成珍惜时间、快速高效做事情的好习惯。只是有的孩子症状轻一些，有的症状重一些。

美国哈佛大学人才学家哈里克说："世上有93%的人都因拖延的陋习而一事无成，这是因为拖延能杀伤人的积极性。"事实上，拖延是一种病，如果父母任由孩子拖延自己的行为，白白地浪费大好的时间，会给孩子的将来带来很大的危害。

爱拖延的孩子，不懂得节省和珍惜时间，更不懂得如何利用自己的时间，学习成绩自然也就上不去了，生活上自然就懒散放纵了。

飞飞的父母对他要求非常严格，尤其是在学习上，总是严要求、高标准。孩子刚上一年级时，做作业很迅速，也很积极，再加上作业少，不一会儿就做完了。可是，父母不仅没有表扬，反而责备说："怎么这么快就完成了，肯定没有好好做！"于是就开始挑孩子的毛病，不是这字写得不好看，就是格式有问题。其实，父母在孩子刚上学的时候，要求孩子写字工整、格式正确是没有错的，可飞飞父母太追求完美了，一再强迫孩子写一遍又一遍，直到他们满意为止。即便孩子按照他们的要求完成了作业，父母也不肯罢休，还想额外给孩子安排其他的功课，如练字、做习题等。

久而久之，孩子开始有意地拖延时间，二十分钟就能完成的功课，他就拖延到三十分钟至四十分钟；读书也是如此，故意减慢阅读速度，或是读完了也不放下书，装模作样地盯着书，心里却想着其他的事情。

渐渐地，飞飞养成了拖拖拉拉的习惯，不管是学习上还是生活上做事效率都低。等到父母发现的时候，已经晚了。

对于成长中的孩子来说，拖延的害处很大，它会让孩子的学习和生活一团糟，什么事情也没有办法按时完成，浪费了大好时光，还可能导致懒惰、消极心理的产生。父母应该给孩子立一些节约时间、避免拖延的规矩，并且改变自己的教育方式，让孩子改掉拖拖拉拉的坏习惯。

首先，督促孩子树立时间观念。

最重要的客观原因就是孩子缺乏时间观念，做事情缺少计划性和条理性。如果孩子没有时间观念，那么他们就意识不到在一个小时内完成作业和在两个小时内完成作业的区别，更意识不到自己拖拖拉拉的行为会带来时间的浪费，以及其他的损失。

其次，强调做事情时的专注力。

孩子做事时喜欢三心二意，如一边写作业一边玩，导致无法专注地做事，如此自然就无法提高效率了。

父母应该给予孩子正确的指导，注意孩子专注力的培养，从小就养成专心做事的好习惯。例如不要让孩子一边吃饭一边看电视，一边玩游戏一边吃零食；不要在孩子专心做某件事情的时候，在一旁干扰或是大声说话，这样不利于孩子专注力的养成。

除此之外，凡是拖延的孩子，往往都有一个性格急躁、期望值太高的家长。在平时生活中，这些父母总是不断地催促孩子，要求孩子严格按照自己说的话做事，或是强制孩子完成他们规定的目标。这样一来，孩子完全被父母推着走，很被动，也很无助，只能用拖延来对抗父母的强势。

因此，在拖延这件事上，父母给孩子定规矩也要结合孩子的具体情况，如果父母看不到孩子无言的反抗，那么就要反思是不是规矩定得过于严格、过于急切了，这会导致孩子越来越拖延、越来越消极，是不可取的，必须要调整对策去应对。

4 孩子作业潦草，
可是过不了关的

做作业对于每一个孩子来说都是家常便饭，但是并不能因此而忽视做作业的重要性，更不能敷衍了事。要知道，课后认真做作业，可以及时了解、检查学习效果，可以加深对知识的理解和记忆，可以锻炼和提高思维能力，是在老师指导下进行的不可缺少的学习环节。

每一个学生都做课后作业，但效果却大不相同。这是因为，做作业也有个方法或策略的问题，只有把握方法，遵循规律，保质保量，才能事半功倍，提高效率。很多孩子在做作业的时候毛毛躁躁，字迹潦草，错误百出，这是起不到写作业应有的效果的。要知道，课堂上听讲要认真，课后写作业同样也要端正态度，甚至要像对待考试一样去对待课后作业。

宁宁今年上一年级了，她什么都好，就是不爱写作业。每天任凭妈妈怎么批评，她都是先想着玩，拖到很晚才开始写作业，没写一会儿就又困了，因此作业常常写得潦草无比，甚至还完不成，被老师也批评了几次。

为了让宁宁能够认真对待写作业，按时完成作业，宁宁的爸爸妈妈花费了不少的时间和心思，每次不是爸爸在宁宁旁边监督她学习，就是妈妈陪在旁边辅导，有时忙得连做饭的时间都没有了，宁宁总算有了些进步。

一天，宁宁的爸爸妈妈有事情外出，临走之前，爸爸妈妈叮嘱宁宁一定要完成作业，宁宁也答应了下来。可是，宁宁的爸爸妈妈回来之后，却看到宁宁正趴在床上看画册，而各科作业本上面草草地写了两三行或者三四行就没有写下去。

宁宁妈妈顿时火大了："宁宁，你怎么回事？今天怎么又敷衍应付起来？"说着便在宁宁的屁股上狠狠地打了几巴掌。

宁宁一下子哭了起来，她呜咽着说："你们和老师一样，整天逼着我做作业，我心里烦透了。妈妈，我就是不爱做作业，我也不知道怎么办。"

"我们总不能每天跟在孩子后面，督促她写作业吧。孩子什么时候才能培养起认真写作业的习惯呢？"宁宁妈妈不知如何是好了。

我们知道，作业是不可缺少的学习环节。做作业可以及时了解、检查孩子的学习效果，可以加深孩子对知识的理解和记忆，可以锻炼和提高孩子的思维能力。因此，家长一定要重视孩子做作业不认真的问题。

首先，父母要让孩子明白写作业的重要性。

家长要想让孩子主动写作业，就要指导孩子树立一个学习目标。当孩子知道自己是为什么而学，而不是被动地被家长、老师逼着学，那么孩子自然会有比较足的学习劲头，激发写作业的动机，也就不会把做作业当作枯燥、乏味的学习任务了。

例如，家长可以具体地告诉他，你的成绩要赶上班里的某同学，你的成绩要提高多少分等。但是，要实现这样的目标，你必须认真地做好每一次作业。

其次，调动孩子写作业的兴趣。

父母不妨用一些手段来刺激孩子的好奇心和求知欲，调动孩子写作业的兴趣。例如，把孩子心爱的玩具放在书房里，让孩子把自己最钟爱的收集品放在书桌的抽屉里……当孩子看到身边摆的都是自己喜欢的东西，自然就想坐下来做作业了；如果孩子喜欢看动画片的话，家长可以把动画片作为孩子完成作业的报酬，告诉孩子写完作业，就可以看自己喜欢的动画片了。

最后，要教会孩子做作业的技巧。

为了能顺利完成作业，可要求孩子先复习一下所学知识，再动笔做作业，而不要抓起笔就写，避免孩子做作业遇到困难，产生烦躁感；让孩子先做他擅长的科目，孩子擅长的科目，做起来得心应手，而且效率高，往往三两下就可以完成。做完这些作业后，乘着顺利的余势，转入不擅长的科目；连续做作业的时间不能超过三十分钟，中途应当适当的休息，以十分钟左右最恰当。

需要注意的是，有的孩子写作业只重速度不重质量，只重结果不重过程，书写主次不分，显得有些混乱。这样，即使答案是对的，在考试中也是要扣分的。因此，家长要给孩子制订写作业的原则和规定，让孩子养成认真审题、书写整洁、完成后检查等良好的学习习惯，这样才能树立起正确的学习态度。

5 孩子写作业马虎怎么办

马虎这一问题是很多孩子学习上的通病，家长们普遍对此感到头疼。通常，在孩子出现马虎的时候家长都会反复强调：再仔细一些。而孩子也认为自己都学会了，可一到了做作业和考试的时候就经常犯一些低级的错误。

正在上四年级的若轩有一个毛病，就是马虎，他的这个毛病让他的父母和老师都感到很无奈。平日里，若轩不可谓不用功，上课该听的都听了，该记的也都记了，课后该复习的都复习了，该练的也都练了，老师提问他时，也都能准确地回答出来，可是偏偏一到做作业、考试时就会出错。

做作业的时候也还罢了，毕竟父母还能帮着检查一遍，每次上了考场，无论多简单的题都会做错，而且错的地方都让人觉得好笑。不是把"6"抄成了"9"，就是把"＋"看成了"－"。每次考试之前，老师和家长都要告诫若轩要细心，别马虎，他自己也是这么保证的，每次考完试出来，他也都很有信心，说上面的题没有不会的。可卷子一发下来就傻眼了，错误多着呢，绝大多数都是因为马虎大意！你说他是因为知识掌握得不扎实吧，但是很多错的地方若轩用口算都能弄明白。对于若轩，无论是家长和老师，都对他抱了很大的希望，但对于他的这个"马大哈"的毛病，家长和老师也实在是没什么办法。

平时，父母们在陪孩子学习时总是站在旁边反复提醒要专心、要认真，特别是在每次考试孩子走出家门前，家长都会千叮咛万嘱咐：考试时一定要仔细，别马虎，然而每次考试孩子仍然会因马虎而失分。

因此，作为家长在面对孩子学习中出现的马虎毛病时，要采取有针对性的措施，不仅要给予帮助和指导，还要给孩子定规矩，以便让孩子从此告别"马大哈"，在考试中发挥出自己全部的实力。

首先，让孩子养成细心的习惯。

一个好的习惯，不仅体现在学习方面，而且与日常生活习惯也是密不可分的。如果平日里做事情都丢三落四，缺乏条理，在学习上也同样容易粗心。因此，家长应该让孩子做一些力所能及的事，养成独立自主的性格。孩子总要离开父母的怀抱，走进竞争的社会，家长放手越早，孩子成熟越早。如果孩子能在日常生活中就养成做事有条不紊、细心严谨的好习惯，那么自然也会将这一习惯带到学习中去，这样一来，孩子在学习和考试中所犯下的低级错误也就越来越少了。

其次，对孩子进行提高注意力的训练。

注意力是智力的一部分，家长只有帮助孩子练习提高注意力，才能进一步发展孩子的智力，克服马虎的坏习惯。提高注意力的方法除了主观努力外，还要排除外界因素干扰，增强知识的趣味性和新鲜感。我们常说"兴趣是最好的老师"，趣味性强，注意力就强，思维过程就顺畅高效。这样一来，孩子在作业和考试中经常马虎的问题也就可以得到解决了。

最后，让孩子准备错题集。

家长可以把孩子因为粗心而做错的习题收集整理在一起，并且同他一起分析做错的原因，并找出规律。这种方法对于提高孩子对粗心大意的危害的认识程度、提高改正粗心缺点的自觉性很有好处。与此同时，写完错题集以后千万不能将其束之高阁，而应该让孩子时常拿出来归类、分析、复习，如果可以，最好随身携带。

总而言之，家长可以与孩子一起制订一些可以减少因马虎而导致错误的计划，并严格执行。例如，本周因为马虎大意错了八道题，下周要求减少一个错误，再下周再减少一个错误直至因马虎而产生的错误全部消失。每达到一个目标就给予精神或物质奖励。这种用目标来激励孩子上进的方法，也能帮助孩子逐步乃至最终消灭因粗心造成的错误，从而养成仔细认真的好习惯。

6 让孩子做个有目标的好学生

"一日之计在于晨，一年之计在于春，一生之计在于勤。"通过这句话可以看出，孩子要想有所作为，就必须善于在行动前制订行之有效的工作计划。做事有了计划，事情才会有条不紊地进行，才会水到渠成，直至成功。如果一个人做事没有计划，不注重条理，他无论从事哪一行都不可能取得好成绩。在走向成功的道路上，做事没有条理、没有计划的孩子将会比其他人走得更辛苦。

孩子还小时，是各种行为习惯形成的关键时期，俗话"三岁看大"就反映了这个道理。从小培养孩子做事有计划、有条理，对孩子终身的学习、工作、生活都是十分有益的。反之，如果忽视这方面的培养，则是为盲目、紊乱的不良行为开了绿灯，一旦形成习惯则很难纠正。

　　曾经有一位叫山田的日本著名的马拉松运动员，曾两次在国际马拉松大赛中夺得世界冠军。记者问他凭什么取得如此惊人的成绩，山田总是回答："我不仅凭借自己的体能，更重要的是凭借我的智慧！"

　　有点体育常识的人都知道，马拉松比赛主要是运动员体力和耐力的较量，爆发力、速度和技巧都还在其次。因此对山田本的回答，不少人觉得他是在故弄玄虚。又过了十年，这个谜底被揭开了。已经退役的山田在自传中这样写道："每次马拉松比赛之前，我都要乘车把比赛的路线仔细地查看一遍，在这个过程中我会把沿途比较醒目的标志画下来，如第一个标志是某个酒店，第二个标志是一个十字路口，第三个标志是一座公园……这样一直统计到赛程的结束，随后我会把我的整个赛程列成一张计划，每一个标志就是我计划的分解目标，把它们牢牢记在心里。正式比赛开始后，我就以百米的速度奋力地向第一个目标冲去，到达第一个目标后，我又以同样的速度向第二个目标冲去。就这样，四十多千米的赛程，被我在事先的计划中分解成几个小目标，这样跑起来就轻松多了。最初的时候，我只是简单地把我的目标定为夺取名次，结果当我跑到十几千米的时候就已经疲惫不堪了，因为我没办法掌握整个比赛过程的节奏，脑子里一团乱，很容易就丧失信心了。"

　　学习其实跟马拉松比赛一样，是持久战，是一场一步一步跑出来的马拉松比赛，是从一砖一石开始累积起来的高楼大厦。长跑要平均分配体力，盖楼要先有蓝图。同理，学习也离不开合理的计划和分步的目标，这是好成绩的开始。如何帮助孩子做个有目标的学生呢？

　　首先，帮孩子提前做好计划，设立学习目标。

　　平时，当孩子提出某项请求时，父母可以问孩子："你的计划呢？"当你的孩子逐步习惯了在行动之前做计划后，他就会养成先计划后办事的好习惯。作为父母，你可以耐心地与孩子讨论他的计划，并使计划趋于可行，那么，孩子也就悄悄地养成了良好的习惯。

其次，要求孩子做事要有条理。

在日常生活中，无论干什么，都要求孩子做事要有条理，不能杂乱无章。例如，自己的房间摆设要井井有条，用过的东西放回原处，以免需要的时候找不到；晚上睡觉之前，整理好书包、准备好第二天要穿的衣服等，这些都可以帮助孩子养成做事有条理的好习惯。习惯成自然，要让孩子养成做事有条理的习惯不是一朝一夕的事，这需要家长的耐心和恒心，同时还要善于抓住教育的契机进行适时引导。

此外，父母还应该向孩子强调目标规划的重要性，例如，给孩子的各项行为制订一些周密的计划。当计划制订了以后，孩子必须按计划办事，不能半途而废。一个习惯的形成关键在于持之以恒，因此应经常坚持对孩子计划性的要求，并强化这种要求。做到这一点，必须要求孩子主动按计划对心理和行为做出调节，完成不想做而必须做的事，抑制想做而不该做的事。

7 劳逸结合，才能提高学习效率

俗话说："一张一弛，文武之道。"对于孩子来说，劳逸结合的方法同样意义重大。只有在学习上做到劳逸结合，才能符合孩子的生理发育和心理发展规律，从而更好地为学习和成长奠定基础。而往往很多家长没有这样的意识，以为只要让孩子延长学习时间，就能学到更多的知识。殊不知这样非但不会让孩子学到更多，反而降低了他的学习效率。

著名的早教专家卡尔·威特通过对自己的儿子成功教育的事例，总结出这样的道理："在现实生活中，有时付出和收获之间并不能完全画上等号，想要有好的收获，除了付出必要劳动，还需要有好的方法，如果方法不当，再多的劳动也难得有好的收成。"

刚上六年级的亦凡学习成绩一直不错。由于面临小升初，亦凡的学习状态一下子比原来紧张了不少。亦凡一心想考重点初中，于是，他从假期开始就投入了紧张的复习。一个假期过去，他的作息时间和学习规律被打乱，每天晚上熬夜学习到十二点，结果白天有时上午十点才能起床。

开学之后，他依然每天学到很晚，但由于早上要上学不能晚起，结果上课的精力很难集中，而且感觉身体非常疲倦，常常在上课的时候想睡觉。不仅学习效率降低了很多，而且健康状况也大不如以前。

亦凡的妈妈看到这种情况，找到亦凡谈心，不仅告诉了孩子劳逸结合的好处，而且帮助孩子改变了学习和作息的时间。指导他一切以课堂学习为主，每天晚上九点半准时让孩子洗漱，准备睡觉。开始的时候亦凡晚上很难入睡，妈妈就让他看一些历史或语文课本，因为这里面有一些生动有趣的小故事，这样让孩子既能熟悉课本，还能在平稳的过程中逐渐入睡。

经过一段时间的锻炼，亦凡每晚九点半准时睡觉，早上六点准时起床，还能在床上温习一会儿英语单词。更重要的是白天在校的时间他感觉有精神了，而且记忆力和反应速度也有了明显提高。

曾有教育学家做过这样的研究实验，将一个班级的孩子分成两组，第一组孩子每学习二十分钟休息五分钟，第二组的孩子则连续不断地学习。两小时后，第一组孩子情绪稍有波动，第二组则情绪波动严重，大多出现困倦和疲劳的现象。而且通过测验发现，第一组的孩子所用的时间明显比第二组时间短，而且正确率较高。这个实验充分说明了适当的休息能够提高孩子的专注性和学习效率。

上面亦凡妈妈为亦凡制订的学习计划和作息时间，对很多家长来说很有借鉴价值。但有时劳逸结合的方法也要因人而异，假如孩子学习兴趣浓厚，动力很足，而且精力旺盛，可以适当将时间安排得紧凑一些，让孩子在学习和休息有机结合的同时，学到更多知识。但假如孩子原本就不太爱学习，或者身体状况不够好，那么适当为他延长休息时间，或者安排一些户外活动，以及他喜欢的运动，也可达到预期的效果。

因此，在家长制订作息时间和学习计划的时候，不仅要随时观察孩子的反应，尽量征求孩子的意见，而且一定要将每天具体的作息时间和较长时间内应达到的目标分清楚，注意长短计划相结合。具体应该怎么做呢？

首先，孩子学习计划的安排要张弛有度。学习计划是学习过程中十分重要的环节，有些孩子没有安排学习计划的习惯，在学习时摸不到头脑，常常由于晚上很难完成作业而做不到劳逸结合，甚至对所学内容产生厌烦心理。这时，家长就要帮助孩子安排一个正确有效的学习计划，为他更好地学习做出规划。

其次，很多家长都认为学习是孩子的天职，实际上活动对于孩子的发展，以及学习成绩的提高也有很大帮助。家长可以适当安排多种课余活动，如郊游、看电影、参观博物馆等，培养孩子多种业余爱好，如集邮、棋类、跆拳道、摄影等，以丰富孩子的生活，让其在学习之余了解更多自己感兴趣的东西，同时也放松了自己。

总之，在学习中，合理的休息非常重要，只有休息得好，孩子才能有足够的精力去学习。父母一定要引导孩子做到劳逸结合，让他意识到学习和休息均衡安排的重要性，从而更好地促进学习，取得优异成绩。

第七章

立规建制，让孩子养成好习惯

　　有人做事有条不紊，有人做事杂乱无章，这反映了行为和思维的不同状况。一个人的思维能力需要不断培养、练习，才能明晰、透彻，他的行为才能有章有法。家长要在孩子的学习过程中，反复引导他们透过表象，琢磨本质，获取智慧。万事万物都有规律，学习，就是为了掌握这些规律，然后指导自己的行为。

1 习惯无小事，勿因小而放纵

在当今这个网络时代，相信很多人对于"熊孩子"这个词都不陌生。大体就是指那些有不良习惯，影响到他人的孩子。那么，为什么有的孩子乖巧讨人喜爱，有的孩子却一身臭毛病惹人反感呢？这个原因还是要归咎到家长身上。

子凡已经小学四年级了，按理说也到了懂道理的年龄。但是子凡的老师和父母始终因为一件事头疼，那就是子凡平时的状态，老是一副懒懒散散的架势，全然没有这个阶段小孩儿该有的那种机灵劲儿。

有几件事，最能表现子凡的懒散：早上起床，子凡明明可以自己穿衣服、叠被子，但他就是不自己动手，非要妈妈帮忙；妈妈叫子凡做一些简单的家务，可是唠叨几遍他都不动弹，窝在沙发里一边看电视，一边喊累；爸爸带子凡去体育馆做运动时，子凡没玩一会儿就会找个凳子坐下来开始发呆……课堂上，子凡的状态也总是很被动，经常回答问题时还不知道老师问的什么问题，布置的作业也总是完不成，老师为此多次跟子凡的家长沟通，头疼不已。

活泼好动是孩子的天性，但为什么子凡却显得懒懒散散、满不在乎，对什么事都不积极、不主动、不勤奋呢？为此，爸爸妈妈没少批评他，也给他讲过好多的大道理，每次子凡总是一个劲儿地点头说改。可是，没过一两天就会又恢复原样，他还很委屈地说："唉……今天我好累啊，明天再做吧。"

"这个年纪应该正是活泼爱动的时候呀，子凡怎么就这么懒呢？这样的习惯要是长大还改不掉，那后果简直不堪设想。"爸爸妈妈感到很是无奈，"这样下去怎么得了？"

子凡这种情况，归根结底还要从家庭环境上去找原因。有的孩子之所以懒惰，是因为父母太"勤快"。如果家长对孩子过分娇纵，大包大揽，主动为孩子承担起一切杂务，让孩子过着"衣来伸手、饭来张口"的生活。即使是孩子因为好奇跃跃欲试，想参与劳动或干点有意义的事情时，有的家长也会怕孩子做不好或者怕弄坏东西、弄脏衣服而加以制止。为了不耽误孩子的学习时间，有些家长甚至限制孩子做读书学习之外的事。这样的家庭，在现实中比比皆是。

如果家长对于孩子的日常事务过于"勤快"，事事包办，最直接的后果就是导致孩子缺少上进心。我们知道，上进心是前进的动力，缺少上进心的孩子做事容易满足，得过且过的思想很严重，结果总是处于一种被动状态——明明知道某件事应该去做，甚至应该马上去做，但是要是没有人逼着自己，就懒得去做，甚至硬挺过去；或者做事时对自己要求不高，常抱着"应付"的态度和"混过去就行"的不负责任的态度，一副懒懒散散、无精打采、死气沉沉的样子。

这样的孩子，不仅在生活上如此，在学校中，他们也会表现得"昏昏欲睡"。这些孩子的注意力不会太集中，懒得动脑筋思考问题，懒得主动回答问题。在课堂发言时，他们会想：反正我学习成绩差不多就可以了，我不举手发言，也会有人说出正确答案。

作为家长，一定要意识到这种问题的严重性。如果在孩子身上发现这些不好的习惯，就一定要及时寻找问题的根源，从根本上解决问题。前边子凡的例子其实并不是很严重，只需要父母适当地在孩子内务和个人管理上立下相应的规矩，例如规定好让他做些力所能及的家务，自己整理自己的衣服床铺，自己安排学习时间，等等，就可以改善子凡的状态。

父母对于孩子身上表现出来的不良习惯，一定要及时应对，争取在萌芽状态时就处理掉，以免将来孩子一身臭毛病，惹人生厌，甚至出现更严重的问题。

现实生活中，但凡那些纵容孩子，在家庭教育的过程中忽视管理，从不给孩子定规矩的父母，往往都会在孩子的成长历程中自食其果，有不少孩子因为父母的纵容，逐渐养成了另外一些更严重的不良习惯，如打架、抽烟、偷家里钱等，当孩子的问题发展到这一步的时候，再去教育，就已经晚了。

2 孩子不按时吃饭，挑食怎么办

俗话说："人是铁，饭是钢，一顿不吃饿得慌。"但现在有不少孩子，吃穿不愁，却总不爱好好吃饭，家长则是想尽各种办法希望孩子多吃一口，结果往往是家长累得筋疲力尽，孩子闹得翻天覆地，而饭依然没有吃完，这令家长十分苦恼。

小亮九岁了，长得俊俏可爱、活泼聪明，但和同龄孩子比起来他却显得特别瘦小。妈妈说这主要是因为小亮平时不爱吃饭，就爱吃零食。一到吃饭的时间，他不是喊肚子痛，就是嚷着头疼。

每次，妈妈都得和小亮好好商量："你现在正长身体，一定要好好吃饭""好好吃饭学习才能好"……尽管小亮勉强地坐在了餐桌前，但是看着喷香的饭菜他常常没吃几口就说吃饱了，妈妈再怎么劝说他都不肯多吃一口。

后来，妈妈开始采用强制手段，硬逼着小亮好好吃饭，把小亮惹得拼命地哭，进餐时间变成了"战争"时间。小亮吃得不高兴，妈妈眼中除了生气之外，更多的是忧心。"我希望孩子可以健康快乐地成长，可是孩子就是不喜欢吃饭，这可如何是好？"

那么，孩子为什么不爱吃饭呢？一般来说，有以下几种常见原因。

第一，不良饮食习惯造成。

孩子的不良饮食习惯会严重地影响孩子的食欲，如孩子长期食用过多的高蛋白、高脂肪食品会使血液中的葡萄糖一直维持在较高水平，使其缺乏饥饿感；零食吃得过多，尤其是饭前半小时左右吃了零食，孩子吃饭就会没有胃口；进食不定时定量，孩子长时间饥一顿饱一顿也会导致食欲下降。

第二，睡眠不足，活动过少。

如果孩子的生活不规律，晚上睡得很晚，睡眠不足，早晨起床后依然昏昏欲睡，这样肯定就会缺少食欲；孩子若是户外活动太少，锻炼不够，吃进去的食物没有完全消化，自然也会引起食欲不佳，从而导致厌食。

第三，疾病的先兆和其他影响。

孩子若是一直食欲不好，不思饮食，那么有可能是疾病的先兆。如感冒、胃肠道疾病、肝脏疾病、结核病以及长期营养素的缺乏，还有铅中毒、贫血等，这些都会影响孩子的食欲；还有一些孩子因为经常生病而服用了过多的抗生素，这些药物也会在一定程度上影响孩子的食欲。

除去最后一个原因，前两个原因可以说都跟孩子的生活习惯有关，那么，家长如何去用规矩来督促孩子，帮助孩子纠正厌食行为呢？

首先，家长可以鼓励孩子做餐前服务。

孩子天生就有好奇、好动的天性。准备饭菜时，家长可以让孩子做力所能及的劳动，如让孩子帮忙摆桌椅、端菜碟、分碗筷，在做菜时让他帮忙剥豆子、择菜、洗菜、拿作料，甚至可询问孩子的意见。有意识地培养孩子做家务的习惯，使孩子看到自己参与做饭所得的成果，自然会胃口大开。

其次，在吃饭这件事上，家长要给孩子积极的暗示。

家长的正确评价可对孩子起到"向导"作用。吃饭时，你要表现出对食物极大的兴趣，可以边吃边赞："真好吃！""我们都喜欢吃。"孩子得到积极的暗示后会主动地模仿；你也可以运用孩子最崇拜或最喜欢的人的行为去激发孩子的食欲。例如："你喜欢乔丹吗？你喜欢打篮球吗？吃得饱饱的，身体棒棒的，长大了你才可能像乔丹一样打好篮球。"孩子一心想像乔丹一样，就会顺利进餐。

除此之外，还要有意识地去控制孩子的饮食习惯，例如零食品种要恰当，食用时间要合理，虾条、薯片等油炸类食品尽量少买，以让孩子尝尝味道为主，而巧克力、酸奶及海苔等食品尽量不要给予。还应让孩子养成定时、定量的习惯，尽量做到吃饭的时间一到，全家人一同在餐桌上用餐，并规定孩子必须吃完自己的那一份餐，而且在吃饭的时候，一定不许看电视等，从而改善孩子不好好吃饭和吃饭挑食的坏习惯。

3 别让孩子成为"独食团"

时下，自私是很多孩子的通病，由于现在独生子女偏多，家里就一个，什么好东西都先让这一根独苗苗享用，慢慢地就养成了他们"吃独食"的坏毛病，只要是看到好的，就要霸占为己有。孩子就觉得自己理所应当得到最好的，越是如此，就越不知道谦让，越是没有团结协作的精神，时间长了，身边的小朋友一个个离他远去，谁也走不进他的内心世界，如此一来，即便是家长把再好的东西送到孩子手中，对孩子的成长也是不利的。

作为新时代的爸爸妈妈，我们应该引导孩子学会与人分享，分享自己的快乐，分享自己的果实，但凡有了好东西，本着团结协作的精神，让孩子变得更有亲和力，不要总是抱着自私的念头，最终伤害了自己，也疏远了别人。

东东的妈妈给东东买了一个漂亮的玩具小汽车，东东非常高兴，拿着小汽车就到外面玩儿去了，看到东东的小汽车，其他的小朋友都围了上来说："东东，你的小汽车真漂亮，我们一起玩儿好吗？"

"不行，这是我的，你们玩儿坏了怎么办？"东东不情愿地说。

"那我们把我们的玩具给你玩儿好吗？"小朋友们说道。

"可以，但是还是不能把小汽车给你们玩儿。"东东娇情地说。

"为什么啊，我们都给你玩儿了？"小朋友问道。

"你们那都是旧玩具，有什么新鲜的，我这是新买的，不能给你们玩儿。"东东答道。

"你太自私了，我们不跟你玩儿了。"小朋友们愤愤地说。

"不玩儿就不玩儿，不玩儿也不让你们动我的小汽车。"东东也愤愤地说。

就这样小朋友们纷纷离开了，只留下东东一个人在那里摆弄小汽车，时间一长，玩具的吸引力对东东就没有那么强烈了，但好"吃独食"的他还是不愿意与别人分享自己的玩具，以致走到哪里都是独来独往的。

看到东东这样的状态，妈妈很担心，她决定让东东学会和大家一起分享快乐。

于是妈妈把东东叫到身边，对东东说："东东，你说小鱼在水里，为什么能活得很快乐？"

"因为有水啊，还有水草。"东东说道。

"对，小鱼之所以能活得很快乐，是因为水把自己的快乐分享给了它，与它快乐地生活在了一起，所以水中生活的所有生物都喜欢水。所以东东要向水学习，要学会与身边的人一起分享快乐。例如东东有了好吃的东西、好玩儿的玩具，都要学会与小伙伴们一起分享，分享一次，就缔结了一段友谊，有好朋友相伴的时光才是最美好的时光啊，要不然一个人孤零零的，左右无援，那是一种怎样的寂寞和痛苦啊。"妈妈说道。

听了妈妈的话，东东点点头，没有说话。

"所以妈妈今天要东东挑战自我，尝试着将好东西与大家一起分享，交到好多好多的朋友，妈妈希望东东的分享能让东东得到更多，有很多小朋友都喜欢东东，都愿意和东东一起玩儿。"妈妈说道。

其实孩子自私，原因还在于家庭的影响，作为家长，我们总希望能把最好的给孩子，却没有想过要让他学会跟别人分享自己的果实和快乐。于是乎，孩子总是爱索取却不想回报，这会影响他们未来与人交往。所以针对这个问题，爸爸妈妈必须提前采取行动，有效地帮助孩子跨过内心的那道坎，有效地解决这个问题，只有这样，孩子在未来的生活中才不至于性格孤僻，才不至于因为没有朋友而出现心理问题。

4 家有小懒虫，让他心甘情愿去锻炼

小孩子好动，喜欢上蹿下跳，但如果家长想让他真正地去锻炼身体，他往往会找出很多理由拒绝："我肚子痛""我还要写作业呢""我还有更重要的事情要去做"……虽然小孩子都精力过剩，但是任何一个小孩子都很懒，除非他喜欢、感兴趣，否则他宁可躺在床上睡觉，坐在电脑前打游戏，也不会到户外去锻炼身体。

这其实是很多孩子身上的通病，孩子往往都特别期待假期，因为假期他们可以好好地玩上一回。但当假期真正来临时，孩子们往往会不知道怎么玩或玩什么，所以假期的大部分时间他们都是在家里度过。因为没有学习压力，又没有体育课，小孩子不是因为缺乏锻炼而变成了"小胖墩儿"，就是因为忽视正常的生活起居，生物钟紊乱，而引起食欲减退、营养不均衡、精神不振等现象；

或者因迷恋电视、电脑、电子游戏，使视力大为下降。

假期本来是孩子调整身心、养精蓄锐的时期，但假期结束后，大多数孩子却以病态的身体出现在校园里，这也正是很多家长担心和焦虑的事情。那么，如何才能让这些有点懒的小孩子从房间里走出来，去多运动锻炼身体呢？

暑假里的一天傍晚，冬冬和爸爸一块去小区旁边的广场上散步。广场上，很多和冬冬年龄相仿的孩子穿着溜冰鞋在自由滑行。他们的技术之高、花样之多，引来了围观者一阵阵的欢呼和掌声。

看着冬冬看得入迷的样子，爸爸想趁机锻炼一下他的身体和意志，便让他也加入了这个溜冰培训班。一开始，冬冬满怀信心地去学，但当他发现自己穿上溜冰鞋根本都无法站立时，有点泄气了。此时爸爸鼓励儿子说："困难并没有你想象得那么可怕，别人能做到的事情，你照样也能做到。"在摔倒了很多次后，冬冬终于迈出了成功的第一步，他能穿着溜冰鞋自由运动了。最后，冬冬终于也能变着花样自己滑行了。

这次学习，对于冬冬而言，他自己能够体会到的收获也一定不少：首先，这个假期，他会觉得过得很充实；其次，他认识了一群新朋友；再次，因为有了一种特殊的"本领"，他可能会成为同学中的"偶像"；最后，从此他有了业余爱好。

所以，对于孩子来说，运动的好处多多。但是，面对那些真不想"动"的孩子，家长真的要费点心思了。

自从家里买了电脑之后，小剑所有的健身计划都被打乱了，晨练放弃了，游泳班主动"弃权"了，甚至连晚饭后的散步也取消了。看着儿子的不务正业，妈妈气得想把电脑送人，但一个偶然的机会，却让妈妈改变了主意。

一次，妈妈与小剑出去，看见大街上有街舞的表演，儿子就迈不动脚步了。

于是，妈妈去超市里买了一张跳舞毯，回来之后，小剑就迫不及待地跳起来，并且他还放出豪言："一个月之后，我敢与大街上的那些专业人士比试。"并且，还主动和爸爸妈妈签下了军令状——每天跳舞半小时！这下，小剑的父母再也不用担心儿子的运动量不够了。

面对"懒儿子"，做父母的往往还有很多"妙招"可用，如利用儿子强烈的竞争心理，与儿子比赛跑步；利用儿子喜欢"玩"的心理，将运动以游戏的方式进行；利用孩子的好奇心，带儿子去旅行……

其实，世界上没有懒惰的孩子，只有不会引导孩子的父母。只要父母积极地开动脑筋，用心地去思考，即使有点懒的孩子，也会心甘情愿地参加运动。

在不影响孩子学习的基础上，家长不妨和你的孩子一起制订一份合适的锻炼计划，让你的孩子真正地参与到运动中来，鼓励和监督他锻炼身体。这样不仅能使你的孩子身强力壮，而且还可以锻炼他的意志和自控能力。

此外，还要结合孩子的心理特点，小孩子一般都认"死理"，他喜欢的事情，不用家长催促，他自己就会做得特别好；而他不喜欢的事情，即使在家长拳头的威胁下，他也会怀着应付的心态去做。所以，家长不妨选择他喜欢的运动项目，或者想办法吊起他的"胃口"，引导他去锻炼身体。

5 孩子不爱整洁，这样让他们"喜刷刷"

很多父母都有这样的苦恼：孩子出去玩，本来洗得干干净净的一身衣服，不到半天的时间就一大片污迹，问他到底是怎么回事儿，他总是摆摆手一脸不耐烦地说："哎呀，我哪儿知道，一个不留神就弄上了呗。"

孩子稍大一点之后，这样的情况更是数不胜数：爱踢球的儿子推门回家后，一脱了鞋，屋子里就充斥着一股难闻的臭气，这时候的他四仰八叉地窝在沙发里一动不动，即便是这时敦促他去换衣服，他也是一脸抱怨地说："太累了，让我歇一会儿吧……"

而到了晚上，每当催促他洗漱睡觉的时候，他也是一副大大咧咧的样子，有时甚至脱了衣服倒床就睡，早就将洗漱抛到了九霄云外。试想一下，这样下去形成习惯还得了？而作为父母，我们怎样才能让这个阶段的孩子蜕变成一个干净利落的孩子呢？

熙熙在同学眼中是一个阳光帅气的小伙子，每天给人的感觉风风火火，充满了无穷的朝气。

可尽管如此，大家还是觉得熙熙的身上存在着一个很大的缺点，那就是个人卫生着实太差。很多同学都反映，每当熙熙坐在自己身边的时候，他身上的那股难闻的汗味就让自己难以忍受。再回头看看他的那一身打扮，更是让人摇头。当大家都穿着整洁干净的校服时，熙熙的衣服总是脏兮兮的；当大家说话的时候嘴里都散发着薄荷牙膏的清香时，他的嘴里却总有一股子难闻的味道。于是有些同学开始有一搭没一搭地拿他寻开心，背后议论着说："哎，你说咱们班那臭气熏天的熙熙，平均一个月能洗一回澡吗？"

起初熙熙对这一切并不在意，直到有一天和爸爸谈及此事，他才终于意识到，做个干净整洁的人有多么重要。

这天熙熙回到家，把篮球放到一边就开始嚷嚷自己的肚子饿，看到桌子上的水果，没洗手就要上去拿，这时在一边的爸爸连忙叫停，对熙熙说："赶紧先去洗手，不洗手怎么吃东西？"

"哎呀！至于吗？"熙熙说道，"不干不净，吃了没病。"

"你这孩子太不讲卫生。"爸爸说道，"你知道吗？前两天我听说有个孩子就因为意外受了点小伤，结果因为不讲究卫生出现了大规模感染，没抢救过来，去世了！所以啊，这卫生真的很重要，儿子，你看你长得那么帅，却总是这么不干不净的，怎么得了？"

"其实，哪个男孩子不好动啊！我不是又运动又学习的忙不过来嘛！"熙熙说道。

"那我问你，有没有觉得最近精力不如从前？总是觉得疲乏，头脑不清醒？"爸爸问。

"确实有点，可能是太累了。"熙熙答道。

"其实就是你不注意卫生的结果。这些脏东西堵着你的毛孔了，你新陈代谢那么旺盛，不及时把自己洗干净怎么能行？"爸爸说，"儿子，如果你要执意这样不干不净下去，爸爸也没办法，但是我还是建议你能尝试一下全新的生活，每天回家先洗个热水澡，睡觉前完成刷牙洗脸的洗漱工作，第二天起来，换身干净的内衣，校服勤洗，让自己看起来干净利索，我相信如果你尝试了这样的生活状态，你一定会爱上这样的生活，再也不愿意回到你现在这个样子了。"

听了爸爸的话，熙熙点点头，当天就按照爸爸的指示演练了一番，结果晚上睡得非常踏实，第二天精神焕发，听课的注意力也更集中了。从那以后，熙熙开始逐步改变，如今的他再也不是曾经同学眼中的"邋遢大王"，而成了一个爱整洁、爱干净的活力男孩儿。

很多孩子之所以不爱整洁，是因为他们从来没有体会过整洁带给他们的美好感觉。作为父母，我们应该及时地在个人卫生方面引导孩子，可以像熙熙的爸爸那样，督促他们养成好的个人卫生习惯。

对于孩子来说，整洁的个人卫生会让他们身心受益，继而必然会在行动上有所改变，而这个时候再给予他们积极的鼓励和支持，帮助他们将这种状态延续下去，直至成为终身受益的习惯。那么从此以后，那个一身臭汗味、不爱洗澡的邋遢孩子就会很快消失不见，取代他的将是一个干净整洁、满脸朝气的清新形象了。

6 孩子生活无规律，
给他加个"作息时间表"

晓丽刚进入小学的时候，还不能很好地适应学校生活，依然存在着贪玩、缺乏自觉性、粗心等问题。有时候，她的文具盒忘了带，有时候虽然起得很早，却因为手忙脚乱而导致上课迟到，有的时候放了学不做作业，直到临睡前才开始写……

见女儿这样，妈妈开始思考对策，通过看一些教子书籍，妈妈找到了应对女儿这种"一团糟"问题的对策。

妈妈和晓丽约定，她们共同制订一个周计划表，表上都是每天必须要做的事情，如早晨几点起床、几点完成家庭作业、什么时候练琴、几点睡觉等。

同时，妈妈还会根据女儿每天的表现来打分，每个项目满分为 5 分，一周满分为 125 分。一周得 100 分以上，给一种奖励；115 分以上，给两种奖励。奖励内容包括去游乐场玩、讲故事、做游戏等。

没想到，这招还真见效，不到四周的时间，晓丽以前的坏习惯居然有了明显的改正。三个月过后，晓丽已经不需要"考核"就能自觉地做好计划表中的每一件事了。

或许你会产生疑问：一张小小的计划表有这么神奇的作用吗？

父母们千万不要把计划表看作一件简单的事，它可以"指导"我们的孩子把握时间，掌握进度，让他们如期、顺利地完成自己要做的事。

可是看看我们周围，大多数父母面对的情景是：

每天早晨一起床，孩子就会着急地喊妈妈："我的衣服呢？鞋子呢？袜子呢？"

有时候星期一刚给孩子的零花钱，不到星期三就花完了，大人问他都买什么了，他却回答不上来："我也不知道，反正一下子就花完了。"

每次考试之前，孩子就会忙得像热锅上的蚂蚁，早起晚睡的，因为平时不复习，这时候着急了，所以忙乱不堪……

这些情况，无一不是缺乏计划性的表现，孩子不但自己辛苦，父母也跟着操心。一个缺乏计划性和条理性的孩子，常常是想起什么做什么，东一榔头西一棒槌，到头来什么也没做好。

其实要解决这些问题也很简单，父母要引导孩子学会做事有计划，对自己要做的事情有具体的时间规定，有准备，有措施，有安排，有步骤。

静静的妈妈发现女儿在弹钢琴的时候总是不能聚精会神，她弹几分钟就跑到客厅看一会儿动画片。于是，妈妈对静静说："以后你每天只弹半个小时的钢琴，晚饭前弹也行，晚饭后弹也行。但是妈妈提个要求，在弹琴的时候一定要一直坐在琴凳上，不能三心二意。"

静静想了想，晚饭前电视里要播放一个自己喜欢的动画片，于是她选择吃完饭再弹。确定了自己的计划后，静静每天都能开开心心地看动画片，高高兴兴地弹钢琴，而且计划执行得很好，再也不用妈妈操心了。

不排除有些时候，我们虽然给孩子制订了计划，但是在施行的时候，他总是会提出这样那样的要求。对此，父母不要纵容，制订了计划，就要严格按照要求执行，只有持之以恒，才能形成一种好习惯。

还有就是，要让孩子有一个时间观念。在孩子的头脑里，起初并没有什么时间概念，他搞不清楚一小时和四十五分钟的差别，也不知道一个半月要比两个月短多少，这就需要父母耐心地帮助孩子，让孩子认识到时间的重要性。

这样一来，孩子渐渐就能在脑海中有一个清晰的时间观念，能够在规定的时间内，按照自己的计划做事。

作为父母，无不希望孩子能够拥有一个高质量的人生，而要实现这一点，培养孩子做事有计划的良好习惯是至关重要的。这样孩子对于自己要做的事，就会有准备、有步骤、有安排、有计划地去执行。如此一来，孩子就会有条不紊地做好每一件事。

7　凡事"差不多就行"要不得

成功学大师戴尔·卡耐基曾说："一个不注意小事情的人，永远不会成就大事业。"那些成就大事业的人，往往都非常注重细节。很多时候，可能我们并不觉得那些注重细节的人相对而言有多么大的优势，但是一旦这种注重细节的精神体现在工作和生活当中，它所带来的优势就会一点一点体现出来，甚至会改变命运和人生的轨迹。

相信每一位家长都希望自己的孩子未来成长为优秀的人才和成功人物，那么，我们就要从小培养孩子一丝不苟、认真负责的生活态度，无论是生活还是学习，都要从小开始培养好的习惯和观念。

聪聪在家是个勤快的孩子，经常帮父母做家务。小学三年级之后，聪聪的父母准备培养孩子的理财意识，就把家里的家务活分门别类，进行有偿分配，例如每天打扫卫生，周末的时候就可以得到十元的零花钱作为奖励；每天帮父母刷碗，按次计费，也可以在周末得到一笔零花钱，等等。聪聪觉得这样太好了，可以自己在家攒钱去买自己想要的东西，于是做家务的积极性猛增，几乎包揽了家里所有的家务活，每天放学首先抓紧时间写作业，完成之后，就开始在家里各种忙碌，第一个周末，聪聪挣到了三十多元零花钱，简直开心得不得了。拿去买了心爱的变形金刚玩具之后，还剩下几块钱，小心翼翼地存在了存钱罐里，算计着再攒多久可以买其他想要的东西。

聪聪的父母觉得这个理财训练很有效，也很高兴，但是没过多久就发现了问题：聪聪做家务的积极性虽然高了，但是干活的效果却没有以前好了，如打扫卫生时想着赶紧完成去做下一件事，就导致扫地不干净，很多时候敷衍了事，为了完成任务而做，甚至每天放学后回家第一件事写作业，也因为一心想着赶紧完成去做家务而开始马虎潦草起来。

长此以往，养成凡事"差不多就行"的马虎态度可要不得。聪聪的父母很快意识到了问题的严重性，开始对聪聪提出了更高的要求，例如作业要求干净整洁工整，打扫卫生之后要妈妈来检查验收，等等。

孩子的自控能力通常比较有限，常常面对自己应当能做完并做好的事情，持着急躁的心理去完成，而不是沉下心来认真去做。这是因为他只想着交了差就可以出去玩，或者干更有意思的事情。这时候，家长就要提出更严格的要求，让孩子意识到自己的想法是不对的。

例如孩子做作业的时候，做完之后来向你汇报作业已经做完了，而且要求出去玩会儿。这时候，你应当看看孩子作业完成的质量如何，再决定孩子是不是可以出去玩。如果质量一般或是很不好，我们就应当让孩子重写，并且告诉孩子重写的理由，如果你坚决这样做，孩子难免会有情绪，可是孩子知道了应付了事的作业会被要求重写，与其潦草地写两遍或更多遍，还不如认认真真一次性写好，这就起到了我们想要的教育效果。

在平时教育孩子的过程中，作为家长要做到严格要求。要求孩子做的事情，不仅要按时完成，而且要完成得认真漂亮。如果发现孩子有"差不多就行"的敷衍想法，要及时教育和纠正，不能马虎。

除了作业之外，孩子做其他事情也应该这样严格要求，无论从态度上还是细节上，家长都要学会去严格要求孩子，这种严格要求的态度，目的是要培养孩子做事认真的习惯，凡事高标准严要求，而不是"差不多就行"，养成了严格要求的好习惯，对于孩子未来的发展有着巨大的意义，值得每一位家长重视。

8 让孩子养成爱做家务的好习惯

小雅马上就要上初中了，变得越来越爱美，最直接的表现就是她换衣服的频率越来越高。由于每次换下来的衣服都要妈妈来洗，这无形中增加了妈妈的负担。

于是，小雅的妈妈决定和女儿谈谈，妈妈说："小雅，妈妈每天上班，下班后还要做家务，很忙，也很辛苦，你现在已经是大孩子了，可以做一些事情了。妈妈希望以后你的衣服都由你自己来洗。如果你忘记的话，就只好穿脏衣服了。"听妈妈这么说，小雅一点儿没有不乐意，而是很痛快地点了点头。

很快，一周过去了，妈妈发现洗衣机里塞满了小雅的脏衣服，她很生气，于是很严厉地批评了小雅，小雅答应妈妈下次不会忘了。

又是一周过去了，妈妈发现，脏衣服更多了，洗衣机里都已经放不下，小雅直接把它们堆在自己的卧室里，衣柜里、地上到处都是。最严重的是，小雅已经没有几件干净衣服可以换了。

这时候，妈妈没有立刻批评小雅，而是想了个办法：冷处理。她决定用对此置之不理的方法来好好教育女儿。但是小雅有她的应对办法：她从脏衣服堆里拣出稍微干净的衣服继续穿，就是怎么也不肯自己动手把它们洗干净。

不过，一段时间过去后，小雅已经无法拣出哪怕一件稍微干净点的衣服穿了，而妈妈的态度丝毫没有改变。此时，小雅没办法，只好把衣服一件件洗干净了，此后，小雅的衣服都是由她自己来洗，而且她发现洗衣服并没有她想象得那么难。小雅甚至还渐渐开始帮妈妈做其他的家务了。

小雅妈妈用"冷处理"的方法，促成了女儿自己动手洗衣服及做家务的行为。如果不是妈妈这样做，恐怕小雅还会过着衣来伸手、饭来张口的生活，也就无法形成一定的生活自理能力。

对孩子来说，必须从小养成劳动观念，即使两岁大的孩子，也要逐渐培养他懂得收拾自己的玩具、睡衣之类的物品。而一个十几岁的孩子应当有能力独立做大部分家务活，如烹调、收拾与打扫房间及庭院等。如果父母过分地宽容、宠爱孩子，会把孩子变成懒惰、依赖的人，危害极大。

既然做家务的好处如此之多，那么该如何培养孩子做家务的好习惯呢？

首先，可以根据孩子的年龄来安排家务内容。

三岁大的孩子可以用百洁布擦拭茶几上的灰尘，也可以用鸡毛掸子清扫椅子之类的大型坚硬物体。到了四岁，孩子可以承担浇花、收拾自己小衣服的责任了。再大一点的时候，孩子就可以管理自己的用品了，如收好自己的玩具、整理床铺等。到了八九岁及以上，就可以学着做菜、洗衣服等。父母要掌握好这一点：随着孩子年龄的逐渐增长，交给他们的任务也要越来越大。

其次，一定要督促孩子坚持做家务。

总是做同样的事，孩子难免会感到乏味，做家务的积极性就会随之降低。所以，这需要父母在给孩子安排家务的时候，要把握新鲜感和持久度之间的平衡。例如，一个四岁大的孩子一会儿是"厨师助理"，喜欢拿着各种瓜果蔬菜；一会儿又是卫生"保洁员"，可以帮爸爸妈妈扫扫地板。除了要孩子体会到乐趣之外，更要让他们能够长期地承担某些工作。例如，让孩子照顾几盆花，每天给花儿浇水，这种定期的浇水和看护有助于孩子形成持久的习惯，从而养成持之以恒的能力。

　　还要注意的一点就是，对孩子做家务的要求要适度，以免打击孩子的积极性。

　　孩子毕竟还小，操作能力没有大人那么强，有时候难免会出错。因此，父母需要学会接受孩子做事过程中不完美的地方，并想办法帮助孩子解决问题。例如，如果发现孩子忘记给花儿浇水，父母可以提醒一下："你给花儿浇水了吗？"或者父母偷偷地给花儿浇一次水。

　　对孩子来说，劳动实践是学习知识、了解和认识社会的重要途径。日常的家务劳动是他们难得的学习机会。此外，通过做家务劳动，孩子还会认识到：只有通过自己的劳动，才能享受充实的人生，才能体验美好的生活，才能感受到自我创造所带来的愉悦。

第八章

无规矩不成方圆，自律的孩子更优秀

古人云："靡不有初，鲜克有终。"半途而废是孩子常犯的错误。因此父母从小就要让孩子明白，"将一件事做完"是"将一件事做好"的首要条件，即养成坚持不懈的好习惯。我们不妨在培养孩子习惯的同时，给孩子立下规矩、"约法三章"，让孩子懂得要求自我，监督自我，成为一个有自律习惯的人。

1 学会自律，向有修养的人看齐

我们知道，有修养的人都是非常自律的人，而自律这件事，是在长期的教导和潜移默化之下形成的习惯和气质，需要父母们从小去规范孩子的行为，加强孩子的自律意识。

宋俊是个四岁半的小男孩，虎头虎脑的样子很招人喜爱。但每次笑起来的时候，宋俊那两行被虫蛀的牙齿让这个白胖、可爱的小男孩逊色不少。

为了控制儿子吃糖，妈妈把家里所有的糖都藏了起来，每当家里来了客人，就开始担心客人会带来糖果。可是家里的地方毕竟有限，每次宋俊发现哪里有糖，总会吃个不停，不给他还吵闹不停。

无奈，妈妈只好到网上寻求帮助，果然学了一招。妈妈告诉宋俊："以后家里的糖都归你保管，但是糖吃多了没有好处，因此每天你只可以吃两块，如果你能按照这个约定坚持一周，那么周日可以另外奖励一颗精美的巧克力。"

宋俊觉得如果每天吃两块糖，自己还可以赚巧克力，简直太划算了。于是，他高兴地答应了。一开始的两天，宋俊还是忍不住多吃，妈妈并没有多说什么，而是告诉他："自己答应的事情，一定要做到。"

一段时间过后，妈妈惊喜地发现，宋俊开始严格遵守他们之间的约定。坚持到一个月的时候，妈妈亲自带着宋俊到超市买了一盒精美的巧克力。

　　很多父母大概都会遇到类似宋俊吃糖这样的事，有的孩子可能是吃冰棍，有的可能是喝冷饮。

　　其实，在孩子幼年时期，所做的事情基本上都是受冲动和欲望影响的，他们不会控制自己的欲望和感情，直到三四岁之后，才逐渐拥有一些自律能力。

　　既然如此，父母们就该向故事中宋俊的妈妈学习，及时为孩子定规矩，来培养孩子的自制力，让他知道什么该做，什么不该做。

　　懂得自律，不仅仅对孩子身体的成长发育有好处，更关键的是，它事关孩子成长的整个过程，乃至他的整个人生。因为只有一个拥有足够的自我管理和自律能力的孩子，才能更好地掌控自己的行为，想做的事情可以让自己做到，不想做的事情也可以控制住自己的念头，唯有如此，在他长大后才能有所成就。

　　有位美国的心理学家曾进行过这样一个实验：将几个孩子留在一个放有巧克力的房间，叮嘱孩子们在半小时内不要吃桌上的巧克力，能够做到的孩子将会获得双倍的奖励。半小时后，只有一个孩子没有碰桌上的巧克力，他受到了奖励，而其他人则被取消了享用更多巧克力的机会。

　　第一次实验结束后，研究人员对其他孩子进行心理辅导，并告诉他们短时间控制自己的需要会获得好处，经过三次反复实验后，所有的孩子才都产生了免疫力，在半小时内没有去碰巧克力。

　　这个实验告诉了我们两点：第一点是一开始就懂得自律的孩子很少，第二点是孩子自制力的建设只有通过反复进行才能获得较好的效果。

　　所以，父母们要做好充分的心理准备，让自己带着耐心来对待孩子的每一步成长。相信只要父母能够坚持不懈，那么你的孩子成为一个懂得有所为、有所不为的人将指日可待。

　　在日常的家庭教育中，父母们不妨给孩子立下自律的规矩，具体来说，首先要让孩子学会独立处理问题。例如他对今天该穿哪件衣服犹豫不决的时候，可以为他拿出几件衣服，然后对他说："今天有点凉，该穿长袖的衣服了，你挑一件吧。"通过这样细微的锻炼，他会逐渐学会自己做选择。

此外，发现孩子缺乏自律时，要循序渐进，督促孩子去改变。例如发现孩子看电视的时间较长，不要马上把电视关掉，可以在开始的时候和他约定观看时间，到接近时间的时候再给他预告，告诉他："时间快到了，再过十五分钟我就要关掉了。"这样做可以让孩子有时间来面对内心的不情愿，然后慢慢适应。给他一个预告时间，协助他学习接受得不到或不舍得，这是自律中十分重要的内容之一。

孩子思维的特点往往是以自我为中心的，由于年龄的关系，他们还不存在什么自律概念，更不懂得如何自我约束。在孩子的意志和人格还处在不健全阶段的时候，如果父母不对孩子进行及时的规范，让他懂得自律的重要性和方式方法，那么在此后的阶段中，他将很难拥有自律的良好习惯。

♥ 2 给孩子的"小任性"加点自控力

任性指的是孩子依据自己个人的爱好和需要行事，从不接受父母的管教，不按大人的要求办事。他们有时为了面子，表面上答应，内心却不服。当父母不在旁边时，他们便可以由着自己的性子来办事。

如果任由孩子的"小任性"肆意发展，孩子长大后，便难以与别人合作，难以与别人友好相处，难以适应集体和社会生活。小男孩在幼年时期心理发展不成熟，对周边事物缺乏明确的认识和理智的判断，因此，每个孩子身上或多或少都会有点任性。如果家长过于放任孩子的任性，在他们长大后会对他们的人际交往产生深刻的消极影响。

彬彬小时候聪明伶俐，活泼可爱，很惹人喜爱。在家里，不论是爸爸妈妈，还是爷爷奶奶，都很喜欢他。不过，由于家里只有他一个孩子，他渐渐有了一个缺点：十分任性。在家中，一切事情都必须由他做决定，稍不满意，他便大发雷霆，哭闹不止。为此，父母伤透了脑筋，尽管一再告诫他，可是他一直难以改掉这个毛病。有一天，邻居家的小芳来到他的家里玩。小芳和他年龄相仿，不过人家是个女孩。当小芳想要玩他的小熊玩具时，他不让；妈妈让小芳吃苹果时，他也不让。妈妈告诉他：小朋友来到他家，便是客人。自己要以礼相待，要招待好客人。可是无论妈妈如何劝告，彬彬就是不懂得礼让，最后小芳伤心地离开了他家。

生活中，像彬彬这样任性的孩子不在少数，很多家长为之头疼，其实，对于绝大多数孩子来说，任性不是他们天生的毛病，而是后天形成的。我们知道，模仿是孩子的天性，如果孩子在亲友或者他人之间亲眼看到别人有任性的表现，他们便会模仿，学着表现任性。

此外，父母的迁就也是重要原因。很多时候，父母会觉得孩子年纪小不懂事，不论任何事总是迁就他。时间一长，他便形成了任性的性格。例如，家里有好吃的总是孩子自己留着吃，从不会和别人分享。所以，父母在教育孩子的过程中，要懂得把握爱的尺度，不要过分地宠爱孩子。

有时，父母会对孩子要求过高，或者要求违背孩子的意愿，所以孩子便不愿按照父母的要求去做，于是产生了逆反心理，通过执拗来与父母对抗，以此来发泄自己的不满。久而久之，孩子便会变得任性。任性对孩子的成长不利，使他们的身心得不到健康发展。父母要想纠正孩子的任性，通常有以下几种办法：

首先，父母要找到孩子任性的根源。任何事情有因才有果，所以要想纠正孩子的任性，就必须追根溯源，找到原因，然后有针对性地给孩子定规矩。

其次，父母要让孩子多参加群体性活动。孩子之所以任性，最主要的原因是他们以自我为中心，不愿意与别人分享。所以，家长要经常让孩子和他的同伴玩耍，或者让他去伙伴的家，或者邀请伙伴来他的家。只有让孩子多与别人交流，学会和别人分享，孩子才会改掉自己身上的任性。

在日常生活中，父母要对孩子从行为上进行约束。当孩子出现任性行为时，尽管父母要在情绪上予以理解，但从行为上要用规矩来约束他的行为。例如有时孩子偏食挑食，父母不能因他的坏习惯而迁就他，不能让他因餐桌上没有爱吃的菜而拒绝吃饭；而当孩子提出不合理要求时，父母不应答应他们，可以暂时放下。当孩子感到无人理睬时，他便会为自己的行为感到后悔，便会停止任性的行为。

3 孩子贪玩，如何让他们学、玩两不误

贪玩易丧志。对于正处于学知识、学本领的成长期的孩子来说，贪玩不仅会使孩子丧失理想、追求，丧失塑造良好个性品质的时机，而且不利于身体的健康发育。"少壮不努力，老大徒伤悲。"最终，孩子丧失的是美好的青春年华。

小鹏是一个活泼可爱、精力旺盛的孩子，他经常和同学们在操场踢足球、打篮球。后来，小鹏积极地报名参加了一个业余篮球队。每天一放学就迫不及待地想写完作业去打球，成绩也开始有所下降。

得知这个消息后，小鹏的爸爸极力反对。于是，小鹏爸爸便给小鹏安排了一些家庭作业，他想：学习任务大了，小鹏就没有时间参加篮球队的活动了，这样不仅不会分散学习精力，还能加强学到的知识，是一举两得的好办法。

但是，小鹏对家庭作业一点儿都不感兴趣，他认为自己在学校的学习已经能应付考试及升学的要求了。所以，他没有按爸爸的要求放学后及早回家学习，而是依然参加篮球队的各种活动。

爸爸怒不可遏地把小鹏大骂了一顿。小鹏用一种既哀求又不服气的口气说："学习太枯燥了，爸爸，您就让我玩一会儿吧。如果你老让我学习的话，我会变成一个笨蛋的。"

听到这话，小鹏的爸爸由生气变成了错愕，他怎么也想不明白孩子怎么会认为玩比学习更重要，而且学习怎么会变成笨蛋。

诚然，每个孩子都喜欢玩，玩本是孩子的天性。不过，很多孩子玩得过分、玩得沉迷，这就有害而无益了，所以有句话叫"玩物丧志"。很多爸爸妈妈正是因为担心孩子玩物丧志而头痛不已。

针对这种情况，有的爸爸妈妈干脆采取强制方法剥夺孩子玩的权利，但这同时也使孩子产生与爸爸妈妈的对立情绪。因玩而受到爸爸妈妈教训是每个孩子都曾体验过的；因玩与孩子发生"战争"的爸爸妈妈也比比皆是。在这场旷日持久的"战争"中，我们的爸爸妈妈似乎远远低估了孩子的智慧，所以总是成了最后的输家。

因此，长期以来，孩子贪玩便成了爸爸妈妈一块难以医治的心病。贪玩是孩子的通病，没有不愿意玩的孩子。一位山东特级教师曾经就自己先后教过的十余个教学班的孩子进行调查，问题就是"你喜欢玩吗"，回答是100%，绝对喜欢玩。大家还就"玩"的功能进行了总结，认为"玩能丰富我们的人生，玩能丰富我们的情感，玩能激发创造的灵感"。

但做什么事都要有个度，超过这个"度"，好事也会变成坏事。很多孩子正是因为贪玩荒废了学业，甚至虚度了人生。有些贪玩的孩子，在课堂上也会想出许多玩的花样，像这样，不仅影响了自己的听课质量，也破坏了课堂纪律。

那么面对贪玩的孩子，父母应该如何约束和引导他们呢？

首先，要认识到，现在的孩子和从前不一样了，接触的事情多，对他们做错的事情或不好的习惯，一味地批评、指责，往往会引起他们的反感，由于逆反心理的作用，你越批评，他越做得欢，所以要讲方法，用引导、沟通的方法来解决问题。

其次，要让孩子明白，爸爸妈妈和他们不是冤家，而是朋友。学习好、玩得好是大家共同的心愿，让他们养成良好的学习习惯，该学习的时候，就好好学习；该玩的时候，就尽兴地玩。由于孩子的自我约束能力弱，当爸爸妈妈的就要不断地提醒、督促他们，帮助他们改掉贪玩的恶习，形成一个良好的学习习惯，也学会如何约束自己，做到学玩两不误。

4 给孩子的冒险"上好保险"

相信每一位家长都有这样的切身体会：不知道从什么时候起，原本乖巧的孩子变得每天都不让人安宁。一开始的时候，他们喜欢爬到家具上，再从家具上跳到床上，家里的花瓶不知道被孩子跳上跳下打坏了多少个。随着年龄的增长，孩子在小区里有了小伙伴，学会了结伴去小区的花园里爬树，学会了在操场骑自行车跟小伙伴比赛。终于有一次，孩子满身伤痕地推着坏了的自行车回到家里，把一家人能吓个半死……

诚然，每一位家长都希望自己的孩子能够足够勇敢，具有冒险精神和开拓精神，但是我们必须要告诉孩子：一定要有分寸，冒险精神有助于孩子的成长，但是如果过了头，换来的只会是健康的损伤和家人的担心。

其实，对于每一个孩子来说，成长的过程就是一个通过不断冒险去学习的过程。这一点不管是家长在养育孩子的过程中，还是回想自己小时候的经历，都会有着深刻的体会。尤其是那些男孩子的家长，更是因为孩子的顽皮和淘气伤透了脑筋。随着年龄的增长，家长们对孩子的这种冒险天性也有了全新的认识。但是，每一位家长都会有这样的想法：希望在不压制孩子冒险天性的同时，尽可能去保护孩子的人身安全和健康，因为对于他们未来的人生而言，健康平安才是最重要的。

小闯就是一个充满冒险精神的小男孩，与邻居家乖巧的女儿相比，他简直像是来自另外一个星球，对身边的任何事都充满了好奇心，碰到什么都想看一看、摸一摸。

但实际情况是，由于小闯眼下正是身心发育的阶段，身体的协调性较差，缺乏一些必要的生活经验，自我保护的意识较差，常常不能预见自己的行为会产生什么样的后果，导致经常会出现受伤及安全方面的问题。

有一次看到爸爸为厨房更换新的灯泡，那个接上之后就闪闪发光的大玻璃球引起了小闯强烈的好奇心。后来有一天小闯趁爸爸妈妈不在家，自己拿了抽屉里的灯泡和玩具上的几根电线模样的塑料线要让它亮起来，万幸的是小闯找到的是塑料线，而且在床头找到的插孔还有防止异物插入的安全锁扣，但即便是如此，他的行为也让一家人惊出一身冷汗，孩子对于这个世界的好奇及冒险尝试的精神远远超出了父母的想象。

后来，小闯的爸爸抽了点时间用电线和灯泡向他演示了如何让灯泡亮起来，但是同时也认真地跟他讲解了电的可怕之处，也许小闯还并不能真正理解其中的道理，但是他听到叮嘱时认真的表情让父母欣慰了许多。在孩子以后的成长历程中，家长一定要抓住一切机会让孩子知道更多不该做和有危险的事情。

表面上看起来，孩子们好像总是那么精力充沛，一刻都不想停下来：登高爬低、下河摸鱼、爬树、满院子追逐、与小伙伴打架……因此，有些家长经常不由自主地叹气：养个孩子真麻烦。但是父母们一定要认识到：这些都是孩子成长历程中所必须经历的阶段，如果少了这个阶段，他们的童年将变得毫无趣味。

日常生活中，父母一定要告诉孩子，即使是在玩的时候，也存在着许多安全隐患，如骑自行车太快，如从滑梯顶部直接跳下来，每一个父母都应该知道，好奇心是孩子的天性，他们需要广阔的空间和自由地行动。家长正确的做法是，在不压抑孩子天性的同时，尽可能让他们明白自我保护的重要性，以及保持身体健康、安全的重要性。

此外，在日常生活中，家长一定要向孩子灌输"有了生命安全才拥有一切"的自我保护意识。平时为孩子创造机会，保证孩子拥有充分的活动空间。可以与孩子共同选择一些有冒险精神的游戏，如攀岩、弹跳床等，周末可以提前约一两个小朋友一起游戏、比赛，以满足运动及交往的需要。父母可以让孩子尽情追逐、跳跃，玩些球类游戏等，但要提出有关安全游戏的要求。

此外，家长在日常生活中要不失时机地教会孩子一些自我保护的具体技能，如家里跑水了怎么办，着火了怎么办，有陌生人敲门怎么办。还要教育孩子严格遵守交通规则，在体育活动中注意安全；在劳动中安全地使用各种工具；上学、放学、外出时尽量走大路，少走僻静小路，如果只能走僻静小路，最好结伴而行，等等。

上面这些规矩其实都是给孩子"上保险"的做法，平时不觉得怎么样，一旦孩子身处险境，在关键时刻可以挽救生命。总而言之，孩子有冒险精神虽好，但一定要"上好保险"，让他们安全地去探索这个世界。

5 让孩子对自己的行为负责

关于让孩子为行为负责，有两件事值得一提：第一件是有关美国里根总统踢球砸碎邻居家玻璃的故事；第二件是前几年有则小女孩把邻居家婴儿扔下楼的新闻。我在想，那个小女孩的父母一定也听过里根总统小时候自己挣钱赔邻居玻璃的故事，但是他们在日常的教育中也一定没有把过失承担这件事认真地教给女儿。

所以，对孩子的过失承担教育，还是要给孩子定规矩，从日常生活的管理和细节中去落实，只靠理念是没有用的。

秀秀经常带孩子在一个小公园的游乐区玩，大大小小的孩子很多，如果留心，就可以在这些孩子的身上看到他们的家教，甚至家长的为人。有一次，小朋友们一起排队玩滑梯，一个两岁多的小男孩动作慢了点，后边一个四五岁的男孩不耐烦了，竟然狠狠地推了前边小男孩一把，小男孩当时是头朝下从滑梯上滑下去的，幸好孩子的爸爸在下边看到了一把接住，不然很有可能要脸着地了。

当时小男孩的爸爸很生气，一手抱着孩子，一手从滑梯高处把那个四五岁的男孩扯下来，狠狠地训了一顿。结果没一会儿这个男孩的妈妈不知道从哪儿冒了出来，一副孩子受欺负了自己给孩子撑腰的姿态，冲这个小男孩的爸爸大发脾气，言外之意就是说，他家孩子又没摔坏凭什么教训她儿子，一点儿都不考虑那么高的滑梯，幸好是顺着滑梯滑下来的，如果是从侧面推下来，后果更是不堪设想。

当时看着这个大吵大闹的妈妈，秀秀脑子里闪过的第一个念头就是：什么样的家庭出什么样的孩子呀。大概这位妈妈在家里从来没有教过孩子做事情要考虑后果以及做错了事情要勇于承担责任这件事。

由于孩子的经历比较简单，很多时候做事之前都不能像大人一样考虑周全，从而导致了过失的出现。针对于此，父母可以给孩子立下"为自己行为负责"的规矩，告诉孩子所有的行为都要考虑后果，如果他执意要按自己的想法去做，不妨在跟他讲明道理的前提下让他尝试一下。一旦他发现自己的预见并不准确，就会联想到父母之前对自己说的话，从而反省自己的行为，由此做出改正，并在这个过程中认识到行为和承担后果之间的关系。

作为家长，要在日常生活中利用一切细节培养孩子的责任意识，让孩子懂得讲规矩，鼓励孩子勇敢地承担责任。例如，孩子跟着爸爸妈妈去朋友家做客或者外出游玩，不小心损坏了物品。这时应该让孩子知道，是由于自己的过错，才造成了这种后果，应当给予赔偿。之后一定要带孩子一起买东西去朋友家道歉，并赔偿所损坏的物品，让孩子学会如何处理过失，如何补救。更重要的是建立孩子正确的责任心意识，这对于孩子将来的成长，以及人品人格的形成，都有着至关重要的作用。

很多时候，父母都倾向于去承担孩子行为的后果，这种爱可以理解，但是我们不能因此就把孩子培养成不懂负责任的人。在培养孩子的过程中，要让孩子清楚地知道自己能够承担什么责任，不能承担什么责任。

有的父母常常抱怨孩子缺少责任感，还遇到另外一些父母，认为责任心是成年人才能够拥有的，孩子还小，不必在意他是否有责任心。这些想法都是错误的，一个人的责任心是从小就应该培养的。无论是成人还是孩子，他们健全人格中占很大比重的一部分，就是责任心。如果你有意识地去激发孩子的责任心，孩子的表现一定会让你大吃一惊。

6 不要让孩子养成依赖别人的习惯

在孩子遇到困难的时候，固然要学会去寻求别人的帮助，但同时也要防止孩子养成依赖别人的习惯，一遇到困难就想着去找别人帮自己搞定，这肯定是不行的。一旦孩子养成了依赖的坏习惯，不仅会让自己的潜力再也没有发挥的机会，而且会给别人留下很不好的印象，会给他的人生道路产生很大影响。所以家长要让孩子明白，一旦陷入困境，首先应该做的，是最大限度地去发挥自己的才能。

一位盲人在马路边迟疑，有路人紧走几步搀扶他过了人行道。

"你上哪儿？我送你去吧。"路人觉得他一个盲人出门在外挺不容易的，就问他。

这位盲人笑了笑："不麻烦你了，你送我一程，可你不能送我一辈子啊！"他一边说一边用手杖探路，小心翼翼地向前走去。

这虽然是个小故事，但却意味深长，这位盲人说的话相当有哲理，生活中那些遇到困境，总是环顾左右，希望别人拉一把的人，可能会较快地逃离暂时的不幸，但人生还有无数困境仍在不远的前方等待着，他们一旦失去外界的援助，大多在困境中不能自拔，甚至自甘堕落。而在困境中懂得自救的人，也许要在困境中多熬一段日子，但他从中领悟了战胜困难的信心和勇气，再次面对困境时，就能变得从容、机智、临危不乱。

古时还流传着这样一个故事，讲的是有一位少年，他的父亲临终前告诉他："儿啊，我留给你两件宝贝，有了它们，你便能得到财富。"父亲去世之后，这位少年冥思苦想，找遍了家中每一个角落，连后院也翻了个底朝天，可他始终没有找到父亲所说的两件宝贝。有一天，一位老爷爷看着他心事重重，便走到少年面前，问起了事由。少年将事情认认真真地与老者说了一遍。老人听了之后哈哈一笑，便告诉了少年："宝贝就是他的头脑和双手。"此时的少年茅塞顿开，恍然大悟，终于明白了父亲所说的话是什么意思。从此以后，这个少年用这两件"宝物"创造了许多的财富。

这个故事告诉大家，无论想得到什么，都不能依赖外在的东西，只有双手才是真正的财富。要想获取幸福与成功，必须付出努力与代价，否则，无论是伟大的梦想还是小小的愿望，都只能是空谈。

在日常生活中，父母要让孩子明白：无论是学习中，还是生活上，抑或是将来步入社会之后，一个人一定要善于运用自己的才能，并且充分调动自己的主观能动性，一旦养成了率先主动的工作习惯，就掌握了个人进取的主观能动性。那些以无比的热情看待自己工作和事业的人，总能发掘出无穷的机会。

相反，那些被动的人只能永远等着别人给他安排任务，而且还要推脱搪塞，同时，他也失去了机会。只有率先主动，才会让大家惊喜地发现你实际做的比你原来承诺的更多、更好。如果你只是尽本分，一有问题就想着依赖别人，把难题推给别人，你就无法获得更多的成长。

我们不妨告诉孩子：哪怕是再小的事情，只要通过自己积极主动地努力，运用自身的力量，去创造出更多的价值，这其实就是给自己提供了机会，实现自己的理想。如果遇到问题总是采取一种应付的态度，能少做就少做，能依赖别人就依赖别人，敷衍了事，那实际就是敷衍自己，最后品尝苦果的，也只能是自己。

作为家长，想让孩子在未来的生活中成为强者，就一定要告诉孩子：遇到任何难题，首先要靠自己的双手努力解决，不能依赖他人。成功来自一个人的独立、智慧、坚强和勤劳，而非来自父母和他人的帮助。

现实生活中有太多的例子都表明，靠别人提供优越条件建立起来的成就和成功是不稳固的。父母不可能为孩子一生都遮风挡雨，亲朋好友也不可能在每一个难关都会及时提供帮助，只有让他们自己把人生的根扎得更深，培养他们一种坚强的品格和吃苦耐劳、坚忍不拔的精神，才是给孩子的最大的财富。

第九章

叛逆的心需要束缚，懂规矩才能步步为营

　　生活中，有不少孩子喜怒无常、做事不自觉、不听父母劝说等，是典型的"叛逆分子"，很令父母头疼。这都是孩子自控能力弱的表现，为此，培养孩子的自控力，成为解决问题的关键。一方面，因为管束越多，孩子的自控力可能越弱，因此，我们还要适当将时间、空间还给孩子；另一方面，父母也要给孩子立下适度的规矩，在此基础上，引导孩子珍惜时间、认识自我，并确立符合本人实际情况的学习生活目标。

1 逆反心理要不得

作为父母都会有这样的体会：孩子稍微长大一点之后，就不像小时候那么听话了，很多时候你让他往东，他偏要往西，仿佛刻意要跟父母对着干似的，这其实是孩子成长过程中的叛逆心理在作怪，也是孩子成长的必经之路。

启峰原本是个很听话的孩子，学习成绩也很优异，他的爸爸妈妈一直为有这样一个儿子而骄傲，所以一直以来对他也十分放心。

但是，就在今年启峰升入五年级之后，情况悄悄发生了变化。启峰的爸爸妈妈发觉，以前很乖的儿子变得十分情绪化，动不动就发一些火，有时候爸爸妈妈多说两句，他就会表现出满脸的不耐烦："好啦，不用说啦，我知道该怎么做。"

爸爸妈妈以前可没见儿子这样过，所以当现在面对时常和自己顶嘴，而且压根不听自己话的儿子时，他们深感错愕。为此，他们还打电话和启峰的老师沟通，从老师那里得到的反映和他们自己的感受如出一辙，原来启峰在学校也不再像以前那样虚心地接受批评，而每当面对批评，他都是一脸的不服气，有时候甚至还狡辩，和老师发生争执。老师还以为家里发生了什么事，正准备找机会进行一次家访呢。

其实，启峰的行为是一种极端的逆反，是叛逆心理的表现。哪个父母摊上这样的孩子也都会苦恼，不知所措。

因为孩子叛逆，他们不接受父母或老师的批评，受不了一点点的挫折和压力，他们喜欢由着自己的性子做事情，根本不会考虑别人的想法，只要是不合自己心意的事情，他们就会反抗。

很多父母开始担心，如果孩子一直这样下去可怎么办？

那么首先就要弄清楚，孩子为什么会在这个阶段如此叛逆呢？我们应该从孩子成长的角度来看，孩子的叛逆表现实际上是证明了他的心理在成长，当经过了这个阶段之后，孩子就会逐渐摆脱对父母的依赖，成为一个有独立思考能力的人。换句话说，叛逆的过程就是孩子在学着思考的过程。

但是，需要提醒父母们的是，这一时期的孩子，由于思维能力还不成熟，加上缺乏一定的生活经验，因此对事物的认识还仅仅停留在表面阶段，带有很大的局限性，所以，这就有必要由父母加以引导。

第一，避免责骂，但是一定要纠正。

一旦察觉孩子会提出一些不合理的要求和做出不合理的行为时，父母不要批评责骂孩子，而要和孩子讲道理或者给他讲一些类似的小故事，让他通过道理或小故事得到启发，认识到自己的行为或要求是不当的，从而纠正自己的想法和要求。

第二，尊重孩子的意见。

孩子是一个独立的个体，他有表达自己想法的欲望和权利。只有获得平等的对待，孩子才少一些叛逆。有些事情上，孩子的想法不尽合理。对此，父母也要让孩子说完，然后再帮他指出不足之处。这样，孩子就会感受到自己是被尊重、被重视的，以后他也会乐意对你倾诉他的想法。

第三，培养独立意识，让孩子成为一个大写的"人"。

作为过来人的父母，总是不想让自己的孩子吃亏，所以在孩子遇到事情的时候总是积极地说教。这些父母不知道，他们这样做有时候会让孩子很反感，更加激起他的逆反心理。

第四，修正对孩子的期望。

有时家长真的是求胜心切，常常拿自己都做不到的标准或许是家长自以为能够做到，但实际上从来没有做到过的标准来要求孩子。要知道，孩子年龄还小，有好动、固执、健忘等表现都很正常。因此，家长要修正自己对孩子的期望，避免孩子产生逆反心理。

第五，情绪激动时不要教育孩子。

家长带着情绪去教育孩子，肯定是不理智的，会导致孩子愈加抗拒。所以，家长在急躁、心烦、不冷静的时候，不要教育孩子。待冷静后，再去同孩子交流。

总之，对于孩子的逆反心理，聪明的父母都会及时地调整自己的教育方式，发现问题，积极解决问题，这也是家庭教育中的智慧所在。身为父母，当你学会面对孩子这种心理的时候，你的孩子才更容易顺利度过成长过程中的逆反阶段。

2 别让孩子成为"小霸王"

我们经常看到一些孩子，他们放任自己的性情，做事情的时候想怎样就怎样，蛮不讲理、横行霸道、恃强凌弱，如有不顺就撒泼打架。

而对这些孩子疼爱有加的父母们，往往对孩子的一些蛮横行为视若无睹，甚至觉得这是孩子聪明、有勇气，这种态度只能助长孩子的霸道行为。

小豪出生在典型的"421"家庭，爷爷奶奶、姥姥姥爷、爸爸妈妈六个人守着这么一棵独苗。由于家人的过度宠爱，小豪俨然成了一个小霸王，只要他看到的东西，就都属于他，家人稍有侵占，他就不满意，还要大声叫嚷："这是我的，不许你拿！"以此向别人发出警告。这种时候，家人往往乖乖退缩，而小豪则为此得意扬扬；如果家人没有听到他的警告，或者故意没理睬，那么小豪就会使出他的撒手锏——撒泼打滚，直到大人们屈服为止。

类似的"霸王戏"天天在小豪家上演。姥姥刚擦完地板，想看会儿电视休息一下，小豪看到了，就立马大喊大叫："不许看电视，那是我的电视！"姥姥可不敢惹他，只好不看电视。

爷爷从外面遛弯儿回来，去卫生间用香皂洗手，小豪就大声呵斥："香皂是我的，不准你用！"对门邻居小弟弟来小豪家玩，妈妈想拿玩具给小朋友，小豪却横加阻拦，不让别人碰他的玩具。

由于家长教育方法不得当，像故事中小豪这样的小霸王越来越多。

孩子的这种表现一般有三个原因：

首先，孩子的社会性发展没有完善。幼儿具有独立意识后，他们的社会性技能也逐渐发展起来。这时候孩子愿意与他人交往，能够倾听家长的意见，能够与人分享自己的东西，能够体会别人的情绪，有同情心。上例中小豪的社会性显然还没有完善，他不愿意和家人分享物品，不能和小朋友分享玩具，社会性发展的不完善是造成小豪霸道的一个原因。

其次，由于自我中心意识的支配，总喜欢自以为是，处处要别人听他的。

再者，就是家庭环境的影响。例如，有的孩子由于在家庭生活中缺乏温暖，常受到妈妈的强制性教育，而且家中缺乏民主氛围，自己缺乏应有的自主权。久而久之，这种压抑的情绪就会让孩子寻找一些渠道来发泄，而他的同学和伙伴可能就是其发泄的最佳对象。于是他们就会把情绪发泄到同伴身上，以此获得心理的平衡。

不管是哪种原因，只要孩子有"霸王"行为出现，父母们都不要被他左右。正确的做法是：控制和引导孩子不合理的要求，让孩子知道什么是该要的，什么是不该要的。

最后，你还要鼓励和引导孩子学会分享，使他们懂得去爱别人，先人后己。

作为父母，如果发现孩子对其他小朋友有不礼貌行为，最好及时对他进行教育。例如，你可以严肃地告诉他："爸爸妈妈不希望看到你欺负别人。如果有什么事情，可以讲道理，而不要蛮横，更不要动手。"

此外，你还可以为孩子多创造一些和小伙伴打交道的机会。在这个过程中，孩子自然会慢慢地学会分享。例如，可以让他和年龄小一点的孩子一起玩耍，并试着让孩子做一回小哥哥、小姐姐，鼓励他们照顾小弟弟和小妹妹。由于孩子有着强烈的自尊心，他们对这样的任务会很乐于完成的。通过这样对他人照顾的经历，孩子就会减少霸道行为。

有些时候，可能是大人的不公才引起了孩子的攻击欲望。所以，你在孩子面前应始终保持公平、友好、温和、平静态度，平等地对待面临的各种事情。即使邀请朋友、邻居家的孩子来家里玩时，也要尽可能地平均处理机会和玩具，不要让孩子感觉别人抢占了他的"地位"。

总之，当发现孩子的霸道行为时，父母们应及时制止，千万不要因为孩子的哭闹而妥协。因为那样的话，孩子就会以为父母们拿他没办法，进而愈演愈烈。制止后，你还要给孩子讲明道理，让孩子慢慢了解自己的行为是不对的。

3 让孩子做自己情绪的主人

有句话说得好：人生不如意十之八九。无论是谁，难免在人生路上遇到挫折和不如意。因此学会忍耐是每个人的基本"生存技能"。尤其是对于孩子，这个技能的培养显得更为重要。毕竟，孩子未来的路还很长，而父母终归是要远去，无法呵护他的一生，所以必须让他从小学会控制自己的情绪，为将来接受磨炼做好充分准备。

然而，很多父母却并没有认识到教孩子学会控制情绪的重要性，往往在他提出要求的时候，对他有求必应，这种看似对他疼爱的表现，却很有可能会成为他将来成才的阻碍。

金金从小跟着奶奶长大，因为是家里的独苗儿，奶奶始终对他呵护备至，要什么给什么。

"奶奶，我要吃巧克力。"这天，金金又一次拽着奶奶的胳膊，嘬着小嘴儿撒娇。

"金金，听话，等奶奶切完菜，给你去拿！"

但是，奶奶的话并没有让金金停下来，他非得马上要。结果，奶奶动作稍微慢了一点儿，金金就一下坐到了地板上，大声哭闹了起来。奶奶慌忙放下手里的菜刀，甚至来不及洗手，就一路小跑去给金金找巧克力。

金金知道，只要他一哭，奶奶就会马上满足他的任何需要，因此对他来说，等待是一件无法忍受、也无须认识的事情，这让他在上了幼儿园之后，无法接受老师的管理，和小伙伴之间也不能很好地相处，因为老师和小朋友都不喜欢他这种没有耐性、说要什么马上就要得到的性格，这让他十分苦恼，也让父母感到无计可施，只好把怨气发泄在奶奶身上，全家人都闷闷不乐。

要知道，控制情绪的能力并非孩子与生俱来的，他需要在后天的教导中逐渐习惯和接受。一般而言，不善于控制情绪的孩子通常会出现三种倾向：

一是暴力性。无论谁让自己做不喜欢的事情或得不到想要的东西就会失控地尖叫、骂人，刚开始自己还会自责，一旦形成习惯，自责感就会消失，听不进父母的劝导。

二是依赖性，遇到陌生或困难的问题，便丧失独立解决问题的意志，转而向他人求助，最终导致意志薄弱。

三是注意力低下，自由散漫，做事没有持久性，无论做什么都坚持不下去。

其实，孩子的这些毛病，都是由于父母的过分溺爱造成的。所以，我们就必须做出调整，让孩子走上正确的轨道。研究证明，儿童期是形成良好习惯和良好性格的关键期，因此我们就要把握这个阶段，让孩子尽早学会控制情绪。

那么，父母应该如何去做呢？

首先，要培养孩子的耐性，有了耐性，情绪才不容易波动。孩子力所能及的事情都要让他自己去做，例如：书包，要求他自己收拾；碗筷，要求他自己摆好。当然，享受惯了的孩子自然会有所抱怨，但父母不能因此而妥协，要告诉他："从今以后，自己的事情自己去做！"

其次，无论孩子学什么，家长都要更注重过程。刚会走的孩子是不可能会跑的，刚开始学钢琴的人也不可能马上弹出动听的乐曲，他们必须经过摸爬滚打才能慢慢长大，即使再着急，也无法一蹴而就，所以在对待孩子的问题上，即使孩子着急，父母也应该沉下心来，抱着相信孩子的态度，耐心等待。一定要意识到，对孩子而言，过程比结果更重要。

此外，在孩子力所能及的范围内，父母应帮助他定个目标，鼓励他通过一段时间的努力而逐步实现，这对于让孩子更好地学会忍耐有着很大的帮助。与此同时，父母还应引导孩子反复描述自己的目标，通过这样的方式，暗示自己一定要坚守承诺，从而产生坚强的意志，达成最终目标。

总之，一旦孩子出现情绪激动的情形，父母一定要及时做出回应，可以通过给他一个限定的时间段来帮他学会控制情绪，宗旨是要让他学会忍耐，同时感到没有受到冷遇，等他习惯了这一切，即使很着急，也会学着去控制情绪，先处理完手头的事情之后，再去处理自己的情绪问题。

4 过分贪恋网络，
会让孩子丧失自我

随着科学技术的高速发展，网络越来越强地介入我们的生活，也越来越多地进入小学生的视野。有关专家调查研究，大城市中八成小学生九岁前开始接触网络，"看电影""看动漫""下载音乐""玩网络游戏"等娱乐追求是小学生上网的主要目的。

对此，很多家长都不明白，孩子们为什么会这么喜欢甚至沉迷于网络而不能自拔？他们为网络带给青少年心理和内心的侵蚀深感忧心。

暑假，九岁的小军跟着表哥一起玩耍时，见表哥上网听歌、看文章、玩游戏、聊天，玩得不亦乐乎，他便跟着表哥学会了上网。

回家后，小军兴高采烈地打开了爸爸的电脑，高兴地说："我最喜欢网上的五子棋游戏了。表哥说我聪明，好好玩，一定可以得高分。"

谁知，妈妈赶紧走过来把电脑关掉了，皱着眉严肃地说："妈妈不许你上网玩。网上的东西太多了，而且有些东西乱七八糟的，肯定会害了你，那些天天上网打游戏的孩子都是坏孩子，你可千万不能跟他们学啊。"

"妈妈，我只是想玩五子棋游戏，表哥说这是益智的。"小军和妈妈解释道，但是妈妈什么都听不进去，无论如何都不同意小军上网，还把电脑锁了起来。

无奈之下，小军便开始去网吧玩，而且他发现自己已经越来越喜欢上网了。虽然妈妈并没有发现，但是每次从网吧出来时，小军都会难过地想："我总是身不由己就进了网吧，今天我又上网玩了，我已经是坏孩子了吧。"

在众多的新闻报道中，我们了解到小学生陷入网络中不能自拔是非常危险的事情。在这些孩子中，有的对学习失去了兴趣，有的性格扭曲耽误了学业，有的甚至走上了犯罪的道路。于是，很多家长一旦发现孩子开始上网，就会陷入恐慌之中。

然而恐慌并不是明智的应对方法，作为父母要弄清楚孩子沉迷网络的原因所在，然后有针对性地引导孩子，让孩子最大限度地避免网络带来的侵蚀。

通常来说，一般小学生喜欢上网主要是由以下几个原因导致的。

第一，探索外部世界的心理倾向。

在小学阶段，孩子有了独立意识，好奇心强，他们就产生了主动、积极探索外部世界的心理倾向，面对新事物好奇心强。网络是一个色彩斑斓的世界，很多孩子就是因为这里新鲜、好玩，与现实生活有太大的反差，才深深地被网上的世界所吸引。

第二，把上网作为逃避现实烦恼的途径。

学习压力大，精神长期紧张，和家长之间缺乏交流，和朋友闹了矛盾等，都有可能导致小学生处于一种生理和心理苦恼期，长期受压抑需要一种途径加以宣泄。而沉溺于虚拟世界，对他们来说是一种"最为合适和方便"的逃避现实烦恼的途径。

第三，受不健康的网站和游戏的诱惑。

网络既有助于孩子们开阔视野，接受前卫的观念，关注世界前沿问题，又会传播一些颓废、黄色下流甚至反动的垃圾信息。小学生的心理不成熟，自制力较差，对一些不健康的网站和游戏常常抱着好奇心想看看，结果一发而不可收，沉溺于其中。

针对这些原因，父母们不妨从以下几个方面来做出应对。

首先，要让孩子学会与家长沟通。

作为家长，对喜欢上网的孩子，千万不要歧视、训斥、贬低，不要让孩子感到自己是一个坏孩子，而是应该心平气和地和他做细心细致的心理沟通，真正地走进孩子的内心世界，了解他遇到了什么挫折和困难，帮他正确认识这些挫折和困难，并一步步地去解决问题。

其次，要引导孩子合理安排上网时间。

家长可以合理安排孩子的时间，例如，做完作业才可以玩游戏机或上网，每天至多能玩一小时，而且前提是学习成绩必须提上去。如果学习成绩不达标，就剥夺他玩电脑的权利。若孩子上网的时间过长，家长应及时提醒，给予批评，或者安排他外出帮自己办些事情，引导孩子离开电脑去休息。

最后，教会孩子自我保护。

由于网上信息量大又良莠不齐，网络具有互动性与平等性，孩子在难辨是非真伪或受不良信息诱导的情况下，很容易受到身心侵害。所以，家长要保护孩子并教会孩子自我保护，以免孩子受到身心伤害。

5 固执可不是好孩子的品性

这天，六岁的文翰闹着让妈妈带他去海洋馆玩，可是妈妈早已经安排了别的事情，去不成。于是妈妈对文翰说："妈妈今天有事，改天再带你去，好吗？"

文翰一脸不高兴，噘着嘴走开了。但文翰走开没几分钟，就又来到妈妈身边，缠着妈妈带他去海洋馆："妈妈，带我去吧，我就是想去看海豚表演。"

妈妈安抚道："今天妈妈有比较重要的事，真的不能带你去，等妈妈一有时间，就会带你去的！"

文翰并不买妈妈的账，依然不依不饶地闹着："我就是要去，我一定要去，不去不行！"

见儿子闹得越来越凶，妈妈觉得苗头不对，看来非要大闹一场不可了……

生活中，有不少父母和文翰妈妈有类似的感受，因为自己也摊上了像文翰这样的"顽固分子"。

父母们不免会思考：会不会是自己在教育孩子方面出了什么问题，才造成孩子这么固执？当然，我们不排除因为教育而导致孩子故意和父母"作对"的行为，但调查研究发现，这种性格也很有可能是天性使然。

研究者还发现了此类孩子的优点所在：他们在遇到问题时，通常比较有主见，不会随波逐流，不管自己身边的人多么"权威"、多么强大，他们都不会因此而感受到威胁。另外，个性固执的孩子往往比较专注，这不管是对他们以后的学业，还是工作后的质量和效率都会大有裨益；此外，如果孩子的这种性格能与耐力配合的话，那么他们通常最容易成为成功的一类。

当然，尽管固执的天性看上去有诸多"美妙"之处，但真正让孩子充分发挥这些优势的道路并不平坦，还需要父母们用更多的爱心和巧妙的方法进行引导。

首先，在遇到这样的情况时，家长可以采用"冷处理"的方法，如上边的例子中，文翰的妈妈是这样做的：

妈妈不再理睬文翰，而是径直走进卧室，把门锁上。文翰一看这阵势，知道妈妈要惩罚自己了，于是大哭起来。可任凭他怎么哭闹，妈妈就是不开门，不理他。

大概一刻钟的工夫，妈妈听着外面没动静了，就悄悄地打开房门走出去，结果看见文翰正在房间里画画呢。听到妈妈进来的脚步声后，文翰抬起头看了一眼，妈妈对他赞许地笑了一下，然后走开了。

当然，在孩子固执情绪爆发的时候，采用"冷处理"来应对，并不是解决问题的根本之道，在此之后，作为父母还要采取一些措施，来引导孩子的固执。

首先，作为父母，要有耐心去听孩子的意见。

成年人之间打交道，都会注重倾听这一至关重要的环节。在我们和孩子相处的过程中，同样需要倾听。为此，对于那些固执的孩子，在他对某件事发表自己的看法时，父母应多听听他的意见。

其次，父母一定要讲原则，适时行使父母的权利，不要过于迁就孩子。

很多有着固执孩子的父母，总会发出这样的感叹：和他较量，真是一场耐力的比拼。的确，有时候父母给予再多的理解、宽容、民主，那个顽固的小家伙依然我行我素。这时候，父母就要行使自己作为家长的权利，而不能过于迁就孩子。比如，到了睡觉的时候，孩子还想在客厅看电视，仍拒绝上床，这时候父母可将他抱上床，并且告诉他："现在是睡觉的时间了，你即使不困，也必须上床上待着去。"

最后，让孩子感受到"不守规矩"的后果。

可以先给孩子一个选择的空间，提前告知"不守规矩"的后果，但后果一定是和规矩本身有因果联系，如："你可以选择现在吃饭，也可以选择不吃饭，如果不吃饭，那你下午没零食可吃，只能等到晚饭时吃。"然后坚决执行，让孩子承担后果。如果罚站与规矩本身不相关，就不是正当的惩罚，孩子只会觉得"妈妈生气了，所以要惩罚我"，而不是思考"我到底哪里做错了"。

必须承认，个性固执的孩子常常需要父母花费更多的精力来教育和培养，但只要教育方法得当，天性固执的孩子也许将来会更容易取得成就。

6 不要让孩子成为"恶作剧"少年

多数家长喜欢听话的、老实的、乖巧的孩子，但是一些孩子还是会淘气地搞一些恶作剧，接连不断地给家长制造麻烦，包括体力上的、精神上的和人际关系上的。

七岁的冬冬是一个奇思妙想、调皮捣蛋的学生，最喜欢做各种恶作剧捉弄同学和老师，看着别人被捉弄后气愤的样子，冬冬总是偷偷地笑："哈哈，真好玩啊！"

一次语文课上，老师把亮亮叫起来回答课堂问题。亮亮坐在冬冬前面，他一站起来，后面的同学都盯着亮亮的后背发笑。原来，冬冬在亮亮的背上贴了一张画有乌龟的小纸条，大家情不自禁地都哄笑了起来，老师批评了冬冬。

还有一次，在美术课上，漂亮的女老师正在教大家画画，她见冬冬一会儿看自己，一会儿又埋下头写写画画，便悄悄地走到冬冬的旁边。啊！老师的脸一下子红了，顿时不知道该说什么好。

原来，冬冬画了一个满脸皱纹、胡子拉碴的头像，还在旁边写着"这是我们的美术老师"。后来，老师让冬冬去办公室，走出教室时，冬冬还不忘和同学们做了一个鬼脸，逗得大家哄堂而笑。

后来，经老师反映情况，冬冬爸爸知道了冬冬在学校的"事迹"，他批评冬冬不遵守课堂纪律。谁知，冬冬满不在乎、不以为然地说："爸爸，我觉得那样好好玩啊，每次都能把同学们逗笑，你不这样认为吗？"

那么，为什么在这些孩子身上会出现这样的问题呢？

研究表明，2～8岁是儿童生长发育的重要时期，随着肢体活动的增多，他们的思维也就活跃起来，就有了好奇心，就想去探究，做出一些令人头痛的恶作剧。可以说，好动、捣乱是孩子生理、心理发展到一定程度出现的必然现象。

此外，孩子不是成人，没有理智，他们的一切都以好玩为出发点，有为数不少的孩子喜欢搞恶作剧，只是想和别人开个玩笑，看到别人吃惊甚至愤怒的表情，他们就会感到自己成了焦点，从中感受到快乐，这是顽童心理在作怪。

还有一个因素就是，孩子和大人一样，非常需要情感的交流与鼓励。爱搞恶作剧的孩子，除了天性比较顽皮以外，还可能由不良情绪引起，如父母批评不当，会让孩子记恨，由此用恶作剧的形式报复；还有的孩子得到家长关心较少，因被冷落而感到孤单，就会故意调皮捣蛋，以搞恶作剧来吸引成人的注意，获得更多的关爱。

那么，孩子喜欢搞恶作剧，就一定是坏事吗？

德国汉堡儿童心理学家托马斯·卡尔博士说："想出恶作剧的儿童富有创造性和想象力。顽皮的孩子往往比较聪明，有个人主见，意志比较坚强。"可见，只要家长正确处理，善于引导，顽皮的孩子更有可能成为极具创造力的人。

那么，对于喜欢搞恶作剧的孩子，家长应该如何做呢？那就需要规范他们的行为，避免他们在恶作剧的道路上越走越远。

首先，在处理孩子恶作剧的时候，父母要尽量大度和宽容。

调皮归调皮，毕竟不是恶劣的坏行为，只要孩子不是出自愤怒、残忍或怀有恶意的、会使人身体受到伤害的恶作剧行为，家长都应当大度一些、宽容一些。如果家长只是因为怕孩子给自己找麻烦，过多地限制孩子的恶作剧行为，盲目地斥责甚至惩罚孩子，那会使孩子在大人的诸多"不许"中渐渐变得缩手缩脚，扼杀孩子的动脑积极性，甚至抑制孩子思维和智力的发展。

其次，以牙还牙，让孩子自己体验恶作剧的后果。

为帮助孩子认识恶作剧行为可能带来的麻烦，家长可让孩子适当体验一下被捉弄的感觉，这比单纯说教的效果会好一些。例如，如果孩子经常把别人的东西藏起来，你就可用相同的方式惩罚他，把他迫切需要的东西藏起来，任他自己着急，故意不理睬。通过亲身经历，他会明白，正像他不愿成为被戏弄的对象一样，别人也不喜欢他的恶作剧行为，他就会没兴趣和心情再搞恶作剧了。

归根结底，喜欢搞恶作剧的孩子，内心深处还是希望引起别人的注意，所以在约束孩子的行为之后，父母们还要多留一些时间陪陪孩子，主动与孩子沟通，倾听他们的心声，做孩子的知心朋友。孩子体会到家长随时随地都在关心自己，就不会用其他的方式来寻求你的注意了。

第十章

交而有礼，越懂规矩的孩子朋友越多

　　不少家长和老师经常抱怨现在的孩子被惯坏了，根本不知道如何与他人相处。与其说被惯坏，不如说家长对孩子的教育失当。毕竟人与人相处是一门深奥的学问，父母要通过言传身教，让孩子明白人与人之间感情的基础是尊重、付出、平等、真诚等字眼。一个懂得讲规矩的孩子，才能形成健全的人格，并且和所有人都能保持良好的关系。

1 让孩子学会与同伴和谐相处

我们知道，在孩子遇到困难与挫折的时候，当有朋友及时为他分担忧愁、出主意、鼓励他、支持他，孩子就会及时走出逆境；在孩子快乐时，如果有朋友分享他的快乐，就会使他的快乐加倍。孩子与朋友既欣赏彼此的优点，赞美对方，以对方为骄傲，又彼此相助，改善各自的缺点与不足。

通过和朋友相处，孩子会产生更多的生活体验，从中他可以学会如何与人相处，如何关心和帮助他人，如何解决与他人的矛盾，如何向别人学习……

一般来说，与同伴和谐相处的孩子，往往能够健康成长，而缺少朋友的孩子却容易发生问题。对孩子来说，他成长的过程，就是一个学习过程，而这种学习是在与其他人尤其是与同龄伙伴的交往过程中实现的。

小轩妈妈在小轩小时候曾不止一次对周围的人夸奖自己的儿子，她说："我们家小轩从小就是我们小区的孩子王。他最喜欢的事情就是带着他手下的那一帮孩子玩，他是他们的主心骨，孩子们有了什么矛盾和纠纷总是要先找他来解决。甚至比小轩大的孩子闹意见也需要请求小轩的帮助，而小轩竟然也能摆平比他年纪大几岁的孩子。"

显然，小轩具有很强的交际天赋，在发现了这个事情之后，小轩妈妈总是刻意地引导和鼓励儿子发挥这样的天赋，带他接触更多的人，让他招待来家里的客人，帮他去组织一些活动，让他融入更大的圈子里……

如今，小轩已经成为一家大型企业的老总，手下几百名员工都以他为荣；

小轩的妻子也是个事业强人，难得的是，他们俩相处得很好，彼此忙碌一点儿也没有损害夫妻之间的感情。

应该说，小轩事业和家庭双丰收，同他从小就具备的交往能力是密不可分的，而这也得益于妈妈从小给予的良好教育和培养。然而，并不是所有父母都能做到像小轩妈妈这样，有不少父母不仅不去鼓励孩子积极地参与人际交往，而且还会阻碍孩子和外界的往来。他们的理由是，孩子要得到周密的保护，要时时刻刻不离父母左右。

岂不知，这种圈养的结果只能是孩子缺乏与人交往的能力，长大后难以融入集体环境。实际上，这对孩子的成长是有百害而无一利的。在孩子的成长历程中，朋友扮演着非常重要的角色，孩子与朋友之间纯真的友情甚至会影响他的一生。

因此，作为父母，不妨向小轩的妈妈学习。

首先，培养孩子与人交往的兴趣。

当孩子体验到交往带来的快乐时，就会更积极主动地融入集体环境。为此，父母应多鼓励孩子和同龄人聊天、游戏、交往，绝不能借口要看书学习而忽视他参与人际交往的机会。如果孩子主动表现出交际需求，父母就要给予积极的鼓励；当孩子表现出与他人交往的恐惧感和厌恶感时，父母就要耐心细致地与孩子交流，帮他缓解紧张感。

其次，为孩子的人际交往创造条件、树立榜样。

孩子是父母的影子，父母是孩子的镜子。为了培养孩子具备高尚的交往品质、正确的交往动机和一定的交往技能，父母就要在这些方面做出榜样，从自我做起，主动积极地参与健康和谐的人际交往，这样会给孩子一个生动的学习榜样。

最后，教孩子学会"推销自己"。

任何人交往都喜欢面对那些充满自信、有着阳光气质的人，孩子也不例外。

所以，父母要让孩子学会"推销自己"，这样等于赋予了孩子自信、阳光、乐观的性格，无论孩子走到哪里都更容易赢得别人的欢迎和喜爱。

美国著名人际关系学家卡耐基说："一个人的成功15%是靠他的专业知识，85%则是依靠他的人际关系。"有些父母不重视孩子的交友问题，认为孩子衣食丰足，要什么有什么，有没有朋友无所谓。这样想，真是大错特错。其实，父母应该做的是鼓励和支持孩子去结识更多的朋友，如此，孩子才能在整个童年和少年时期，身心成长历程才是健康的。

2 孩子唯我独尊，只会伤害别人

作为父母，我们不难发现孩子们在生活中常有这样一些小细节：饭菜端上餐桌，孩子只顾着自己吃，把自己最喜欢吃的菜端到跟前，而不顾及家人；电视里播放自己喜欢的节目时，坚决霸占遥控器，不允许任何人换频道；在学校里，发现课桌上布满灰尘，径直拿别人的书本来擦干净……

萱萱在周六的时候邀请自己的好朋友来家里做客，几个小孩子在一起玩得非常开心。快到中午的时候，萱萱说："咱们接下来玩个游戏，谁输了谁就倒立。"这时候，有一个比较小的孩子站了出来："萱萱，我妈妈让我中午必须回家，再说现在都饿得不行了，咱们下午再玩这个游戏吧，好吗？"这时候，一向高傲的萱萱就说了："在我家你就必须听我的，我说什么就是什么，你中午不能回家，在我家吃饭就可以了。"

小孩子非常委屈："可是，我妈妈还在家里等我呢。"萱萱二话不说，拉着小女孩就往外搂："行了，下次不要来我家了，连我的话都不听。"小孩子也很生气："哼，我们以后不再是朋友了。"

这时候，萱萱的妈妈闻声赶来，了解了情况后，就对萱萱说："孩子，你应该体谅你的朋友，站在别人的角度想想，如果妈妈在家等着你，你却不回来，妈妈同样也会着急啊。"

很显然，萱萱的行为属于典型的唯我独尊，而生活中像她这样霸道无理的孩子却并不少见。那么，为何会出现这样的现象呢？分析起来，主要还是缺乏家庭教育导致的。

有的家长害怕孩子受到伤害，在孩子犯错误的时候，采取睁只眼闭只眼的做法；当自己的孩子和小伙伴吵架的时候，家长不去责备孩子，而是安慰孩子不要难过；当孩子支使爷爷奶奶或姥爷姥姥去做事的时候，父母虽然嘴上说要尊重长辈，但却没有制止孩子的行为……无原则的宠爱，很容易助长孩子"以自我为中心"的错误心理，反过来这种心理严重阻碍了孩子的健康成长。

另外，还有一些父母在教育孩子的时候，总是告诉孩子他该怎么做，而很少引导孩子从别人的角度出发。这样一来，孩子会在无形中养成"以自我为中心"的性格习惯。应该说，当今社会，孩子"唯我独尊"的心理已经越发严重，成了广大父母迫在眉睫的难题。

那么，要想让孩子摒弃这种唯我独尊的行为方式，就需要父母在家庭教育中多下一些功夫去，在孩子很小的时候就不断关注他的心理以及心理的成长，培养孩子为别人着想的习惯。

首先，在生活中引导孩子明白自己的行为对"他人"的影响。

教育源自生活，培养成于点滴。父母们不要高谈阔论，而只需在生活中的一件件小事中给孩子正确的引导，即可把你的孩子培养成品行高尚的人。例如，当孩子主动打扫干净房间后，父母不要只说："宝贝真能干，把房间打扫得这么干净。"而应该说："宝贝真能干，把房间打扫得这么干净，谁进来都感觉很舒服的。"这样的夸奖，不仅让孩子感到自己很能干，还会让他知道自己的行为可以给别人带来好处。

其次，让孩子学会换位思考。

在成人的人际交往中，换位思考是不可或缺的重要品质。简单来说，换位思考就是站在别人的角度去看问题，而不是只顾及自己的利益。由于家庭教育方式不当，很多孩子根本不懂得站在别人的角度看待问题。

总而言之，只要父母多用心思，在日常家庭教育中，注重一点一滴中对孩子正确的引导，那么你的孩子就能够告别唯我独尊的错误心理，成为一个能够站在他人角度思考问题的人。

3 让孩子懂得分享，走出自私的怪圈

现代家庭教育中，虽然孩子们个个备受宠爱，但父母们还是很注重其分享意识的培养的。我们都知道，只有孩子学会了分享，才能得到周围人的喜欢，才能拥有良好的友谊和人际关系，并因此而变得开朗、自信。

但不得不承认，现在很多孩子并没有像大人预期的那样慷慨大方，懂得分享，相反，孩子表现出来的行为却往往是乐于分享的反面——自私。很多父母在说起自己家的孩子时，都会用上这个词。

中秋节的时候，远在上海的叔叔婶婶飞来北京，给蒙蒙一家带来了阳澄湖大闸蟹。

蒙蒙很爱吃螃蟹，一看是大名鼎鼎的阳澄湖大闸蟹，她就更开心了。等妈妈下厨房把蟹做好，蒙蒙不管三七二十一，把蟹都端到自己的一边，伸手就拿。

妈妈说她要让全家人都吃，蒙蒙也充耳不闻，继续吃。吃饱后，蒙蒙还以命令的口气对全家人说："这些大闸蟹你们都不要吃了，留着给我吃。"

妈妈无奈地摇摇头，全家人在场，也不好说孩子什么。

蒙蒙这种自私的行为不仅表现在家人面前，而且在和小朋友及同学们在一起的时候，也会展露无遗。

有时候，对门的邻居小董妹妹会过来玩。每当这时，蒙蒙就把自己喜欢的玩具和绘本藏起来，只留一些自己不喜欢的东西给小董玩。

在学校里，蒙蒙是有名的"小气鬼"。同学们带去的零食，她总是上前去要求分享，而她自己带去的东西则不肯拿出来，总是偷偷地一个人吃。渐渐地，同学们都疏远了她，并且总是在背后说她太小气。有时候蒙蒙听了也会郁闷一会儿，但是却不会妨碍她改变主意。她心想："我就是小气，怎么了？"

爸爸妈妈都知道女儿的自私，也教训过孩子很多次，但就是改不了，弄得他们甚为无奈。

现代家庭中的很多独生子女的确自私得很：他的东西，坚决不允许别人碰；他喜欢吃的东西，就连爸爸妈妈也不能尝一口。对此，父母们开始困惑：平日里总教导孩子要懂得分享，怎么总是不见效呢？

其实，导致这种情况的原因，可能是父母的教育方法不得当。有的父母会强迫孩子将东西分享给别人，也有的父母发现孩子不分享时指责孩子。其实，这样的做法很容易让孩子产生逆反心理，即使当时按照父母说的去做了，在他心里也未必能够真正认同分享的。

不过，父母们也大可不必为找不到好的方法而忧虑，更不必杞人忧天，只要积极行动起来，主动去引导孩子学会分享，让孩子体会到分享和付出的快乐，那么他就可以轻松走出自私的怪圈，懂得和人分享了。不妨从以下几个方面去引导孩子。

首先，家庭生活中多鼓励孩子分享自己的喜悦。

相对于大人而言，孩子很容易获得快乐，同时他们也希望把自己的快乐和身边的人分享。可是，有些父母觉得孩子的乐趣在自己眼里算不得什么，所以当孩子想和他分享时，他就敷衍孩子。这样做的结果是，孩子体验不到分享带来的快乐，长此以往也就懒于与人分享了。所以，父母们一定不要这样做，而应该耐下心来，加入孩子的快乐之中，用行动鼓励孩子的分享意愿。

其次，带孩子多参加合作关系的活动。

现在孩子大都是家庭中的独生子女，在家中自然是家长们心中的"小宝贝"，是全家的"中心"，集全家人的呵护于一身。在这种环境下长大的孩子往往喜欢我行我素，以自我为中心。因此，应该让孩子多参加一些合作关系的集体活动，让他体验到与人分享的乐趣，获得与他人相处的经验，从而在集体生活中逐渐学会分享与合作。

最后，及时提醒与表扬，让孩子视分享为快乐。

不管孩子说出什么借口，只要体现出他的自私时，父母都应及时提醒他："孩子，你这么做可不好。你看，你的朋友显得多么失落啊！"如果见到孩子和小伙伴们分享自己的玩具或零食，父母也要立即赞扬，告诉孩子："你真是个懂得分享的孩子，做得很好！"这番话，就会让他明白这是好的行为，把分享看成快乐的事。

日本有位名叫森村诚一的作家曾说过："幸福越是与人分享，它的价值便越会增加。"其实，懂得分享的孩子都会比自私的孩子生活得快乐，而且更加自信和独立。

4 提醒孩子，磨蹭是与人交往的绊脚石

要知道，每个人都是在时间的河流中开始了自己的人生旅途，每个人生命的发展也都是在时间的流逝中进行的。谁能够把握时间，谁就懂得如何利用时间，谁就更容易接近成功的终点。而且，一个磨磨蹭蹭的人，在社交中也很难被别人接受和喜欢。所以那些希望孩子成才的家长，要培养孩子做时间的主人，这将会使他们受益终生。

四岁多的雯雯每天上幼儿园之前，都要和妈妈进行一场"内战"。妈妈催促她赶紧刷牙洗脸，换衣服和鞋子，雯雯则慢慢吞吞，注意力也经常转移到别处。妈妈就冲着雯雯大喊，雯雯要么气呼呼地不予理睬，要么和妈妈对抗。如果妈妈再严厉一点，雯雯就会很不情愿地表面上答应，而行动并没有跟上，依然是磨磨蹭蹭的。每一件事情都要进行这样一番"较量"，结果经常是雯雯上幼儿园迟到，雯雯妈上班迟到。

而且，在日常生活中，雯雯的小伙伴们也很不喜欢她磨蹭的特点，有时候约好了大家一起下楼玩的，或者约好了去某个小伙伴家里做游戏，结果左等右等，就差雯雯一个，于是纷纷赌气，不愿意跟雯雯玩了。对此，雯雯妈很无奈，她不知道怎样才能改变现在的状况。

其实，拖拉、磨蹭等行为习惯，是世界性的儿童行为问题。针对这样的情况，

家长需要有耐心和方法，逐步使孩子树立时间观念。

从本质上来说，时间观念的培养不仅仅是指对时间的认知，更重要的是对时间的把握和感觉。一个有时间观念的孩子，通常做事情都比较有条理、主次分明，懂得合理地使用和分配时间。这种时间概念的培养，与父母的引导息息相关。家长有目的地训练孩子的时间支配能力，培养孩子有条理的思维习惯，是非常重要的。

培养孩子的时间观念，从幼儿阶段就可以进行了。这一时期的孩子，虽然还没有明确的时间概念，但是父母可以通过采取一些方法来适当引导孩子养成珍惜时间、善于利用时间的好习惯。

例如，孩子吃饭的时候拖拉、磨蹭，父母可以告诉他，如果快一点吃完，接下来会有更多的时间去做游戏；孩子穿鞋很慢，家长可以对他说，数 10 个数，看看能不能穿好。家长还可以采取正反两方面的比较法。例如，在孩子磨蹭的时候，家长可以说："你的好朋友琳琳现在已经到幼儿园了吧，她今天洗脸刷牙肯定都比较快。"或者"昨天遇到鹏鹏妈妈，她说鹏鹏上幼儿园迟到了，就是因为没有快点换衣服和鞋子"。诸如此类的事情，父母如果能够及时并且恰当地运用，那么对培养孩子的时间观念将会大有裨益。

当然，孩子们眼中的时间是抽象的，贪玩的他们体会不到时间的重要性。所以，作为父母一定要为孩子定规矩，从而树立正确的时间观念。

首先，要教育孩子学会集中精力做事。

孩子越小，培养习惯也就越容易。一旦孩子养成了做事麻利的好习惯，那么随着年龄的增长，就会逐步形成较强的时间观念，懂得珍惜时间和合理利用时间。有的孩子做事不专心，总是三心二意，甚至一边玩一边做，这其实是最浪费时间的。父母应让孩子明白，做事就做事，玩就是玩，而且事情要一件一件地做，不可一心二用，为此，父母要指导孩子养成做事有头有尾、善始善终的习惯。

其次，要让孩子品尝耽误时间的苦果。

父母可以试着让孩子自己承担某些消极的后果，一旦孩子亲自品尝到耽误时间的苦果，心里自然会不舒服，就会吸取教育，今后重犯的可能性就少了。这种教育方法叫作"自然后果惩罚法"。

还有一个小窍门就是，不妨用计时器帮助孩子告别拖拉。

父母可选用孩子较感兴趣的计时物品，如小闹钟、手机等，设定游戏的时间，让孩子知道当铃声响起的那一刻，就要进行其他的活动。选用这些计时器，一方面可以帮孩子建立时间观念，另一方面孩子配合度较高，而在孩子表现良好，或主动准备收拾物品时，家长别忘了给予肯定，鼓励他保持下来。

孩子将来面临的是一个快节奏、讲效率的时代。要立足于社会，获得事业上的成就，从幼儿期父母就有必要教育他们懂得珍惜时间和合理利用时间。只有这样，才能使孩子养成雷厉风行的做事习惯，干什么事也都有责任感和紧迫感。当然，对年幼的孩子来说，培养时间观念需要父母有足够的耐心和科学的方法，并且能够以身作则，这样才能达到潜移默化的功效。

5 有了"合作意识"，才能承担更多

每年秋天，大雁们都要飞到南方去过冬，它们往往整齐地排成"V"形，在天空中飞行。

为什么大雁要这样飞行呢？仅仅是一种习惯，或者是为了"好玩"吗？

其实不然。科学家经过研究得知：大雁排成队列飞行，当前面的大雁拍击翅膀时，就会为后面的大雁制造上升气流，减轻后面大雁飞行的阻力；当领头的大雁疲劳时，就会轮换到"V"形队伍的尾部，让另一只大雁占据领头的位置。后面的大雁发出呷呷的叫声，给前面的大雁鼓劲。

对于大雁的聪明和协同作战，我们不得不佩服！对大雁来说，互相合作已经不仅仅是一种精神，更是一种获得更好的飞行和生存的技巧。

其实，在这一点上，我们人类和大雁并无分别。如果我们能够学会与人合作，肯定会大大提高办事的效率。作为父母，不妨想想看，在陪伴孩子的成长过程中，我们有过鼓励孩子学会与人合作、多替别人考虑吗？相反，生活中有多少家长经常教育孩子遇事多为自己着想，如此家庭教育，如何培养出具有合作意识的孩子？

武超是个篮球健将，被同学们称为"灌篮高手"。一般只要有他在，团队都会赢得比赛。

曾经有外校很牛的篮球队都被武超打败，他们询问武超，除了自己的作战技能，还有什么绝招让整个团队超水平发挥。

武超呵呵一笑说道："篮球讲究的是团队作战能力，我自己的水平再好，没有整体的协作肯定不行。我虽然是'前锋'，但为了取得好成绩，我们都会找一个最得力的人做'组织后卫'，这样大家就不会乱打一气，而是能够互相配合，齐心协力。"

对手听后，赞许地点点头。因为他想到了自己的球队，虽然不乏精兵强将，但有个别人喜欢自己出风头，不注重团队协同作战，这正是比武超他们欠缺的地方。

现代社会，任何集体活动都离不开团队精神，父母们一定要多下功夫，从小注重孩子这方面能力的培养，以为他将来更好地融入集体、更好地实现自己的目标而打好基础。

那么，在培养孩子合作意识方面，父母要怎样引导孩子呢？

首先，让孩子多玩一些具有合作意识的游戏。

孩子离不开游戏，而游戏正是培养他们团队精神的好方法。父母可有意识地鼓励孩子多和小伙伴一起玩游戏，也可以让孩子和父母一起玩，如相互传球、一起踢毽子等。当孩子玩出了感觉，他就会体验到集体活动的乐趣，和他独自一人玩耍的感觉是不一样的。这样孩子就喜欢和他人进行交流，也会更加喜欢集体活动。

其次，告诉孩子：合作才会力量大。

在孩子的日常生活中，很多时候是需要两个或者更多的人配合才能完成一件事的。例如，一个小朋友霸占一小堆积木搭不出什么好看的造型，而大家合作，让积木充分利用，就能共同砌出各种好看新奇的造型。当孩子体验到"单独奋斗"的挫折感，同时也感受到合作带来的好处后，他就会爱上合作。

最后，教会孩子参与合作的技能。

但凡合作，都是要个性服从共性、个人服从集体的。"共性"意味着孩子必须学会约束自己，以求得团队利益的最大化。这就要求我们的孩子要有爱心，要有牺牲精神，还要有与人交往的技能。如果这些技能不具备，那么孩子的合作是不会愉快，也不会持久的。

著名心理学家阿德勒说："一个缺乏合作精神和合作能力的人，其职业生涯、人际关系以及爱情婚姻都会出现严重问题和遭到失败。"所以，对父母们来说，如何从小培养孩子与他人合作的能力，已经成为一项刻不容缓的任务。

6 小小嫉妒心，一定要让孩子收起来

在现实生活中，我们常会看到这样一些人，他们看到别人的长处和人家所取得的成就后，心里就像爬满了虫子，非常不舒服。在他看来，只有他才配得上这样的成就和优势，而除了他自己之外，别人是没有资格的。

这就是我们常说的"嫉妒"，而在孩子的成长过程中，嫉妒同样是一个不容回避的问题。育儿论坛里，两位关系不错的妈妈在一起聊天，聊着聊着，她们就聊到孩子的嫉妒心理上。对此，两位妈妈都很有同感，都说从自己孩子身上看到了很多嫉妒的现象。

我们来看看她们是怎么谈的吧。

（婷婷妈妈）我家婷婷都九岁了，以前觉得她挺乖巧懂事的，可现在我越来越发现她的嫉妒心很强。在小区里见到别的邻居的孩子，我只要逗人家一下，她就大声吼叫，严厉制止；如果我夸奖别的小朋友两句，她也受不了。最近，她因为作文比赛只得了二等奖，而她的好朋友得了一等奖，她就又嫉妒心泛滥了。

（小慧妈妈）我家小慧本来和同学佳佳很友好，两个人每天一起上下学，一起做作业，喜欢的东西也乐于分享。但是最近，因为佳佳被评上了"三好生"，她就和人家疏远了。

我让她向佳佳表示祝贺，并要争取向佳佳学习，她可倒好，居然跟我说："那有什么了不起的，不就是个'三好生'嘛，从小到大我得过好多次呢！"

作为孩子的父母，也许你和上述两位妈妈有同样的感受。事实上，嫉妒是一种很正常的情绪体验，几乎每个人都会有。一般来说，嫉妒指的是自己的才能、名誉、地位或境遇被别人超越，或者彼此距离缩短时所产生的一种由羞愧、愤怒、怨恨等组成的情绪体验。嫉妒心萌生的范围大多在地位相似、年龄相仿、经历相近的人们之间。

嫉妒是一种不健康的心理状态，它带来的后果往往是竞争、攻击和对立。嫉妒心理对孩子的人际交往具有不良的影响，会妨碍孩子的进步。孩子爱嫉妒别人，闹情绪，往往会让家长担心，那么应该如何来教育嫉妒心强的孩子呢？

对于嫉妒心强的孩子，父母一定要做好心理疏导工作。而帮孩子克服嫉妒心，家长可以尝试以下一些方法。

首先，告诉孩子，有了嫉妒心理一定要表达出来。

虽说嫉妒心理是普遍的，但任其发展将会不利于孩子身心的健康成长。所以，当发现孩子嫉妒心过强的时候，父母应该引导孩子认识嫉妒这种负面情绪的危害。具体来说，父母们可以通过平时的交流告诉孩子，或者通过写纸条的方式让孩子知道。例如我们可以这样写：

当我们嫉妒别人时，由于难以把这种感受说出来，只能深深地埋在心底，这样下去，是不是会感觉很痛苦呢？别人取得的成绩是别人努力的结果，你的嫉妒是无法阻止别人进步的，你能做的，最好是欣赏对方的进步，并向对方学习。此外，如果经常嫉妒别人，朋友就会远离你，这样你就不能在和朋友的共同学习和交流中得到帮助，取得进步。

其次，让孩子正视嫉妒这种情绪。

当时机合适的时候，父母也要让孩子知道，不光是他们会嫉妒，爸爸妈妈也不例外。例如，妈妈可以告诉孩子，当他和爸爸在一起亲亲热热的时候，妈妈也会嫉妒，但是妈妈不会因此而乱发脾气或者感到难过。另外，父母还可以列举自己小时候的故事，让孩子知道自己也有过同样的心理。

另外，父母不妨告诉孩子，任何一个人都不可能得到和别人完全相同的待遇，因此一定要学会接受。

最后，教孩子学会缓解自己的嫉妒心理。

有时候嫉妒和羡慕仅仅只是一线之隔，当孩子看到别人有漂亮的裙子，想着"真是一条漂亮的裙子啊！如果我也有，那该多好啊"，这就是羡慕；如果想的是"为什么她有这样的裙子，我却没有，我不管，我也要"，这就变成嫉妒了。每个人都有自己的优势，要帮助孩子找到自己的闪光点，如在剪纸方面有天赋、身体的协调性很好等。让孩子知道自己也有能让别的孩子羡慕的地方。

事实上，孩子之所以嫉妒别人，其根源在于他对自己缺乏信心，认为自己比别人差。因此，要医治孩子的这一心理，父母首先要给孩子足够的爱，让孩子有成就感和幸福感。其次，要引导孩子，平时应教育孩子理解人与人之间客观存在的差异性，让孩子明白：各人都有各人的优势和长处，但同时各人也都有各人的劣势和短处，任何方面都比别人强是不可能也没有必要的道理。

7 守时守信，是交际时最基本的礼仪

曾经听过这样一个故事：一天，拿破仑宴请手下几位将军吃晚餐，然后在晚餐后顺便讨论一些事情。可是到了晚餐的时间，几位将军还没有到，拿破仑就没管他们，自己独自一人吃饭。等到他放下餐具的时候，几位将军才姗姗来迟。这时候，拿破仑说："晚餐时间已经过了，现在是议事时间，我们开始吧！"几位将军只能一脸尴尬地参加接下来的议事，并且只能饿着肚子。

这个故事或许是人们杜撰的。因为没有哪个将军敢在拿破仑邀请的时候迟到。但是这个故事却说明了一个道理，那就是做人必须要具有一个素养——守时守信。是的，守时守信是一种美德，是对别人的尊重，更是对自己的尊重，否则不仅会浪费别人和自己的时间，还会失去别人的信任和欢心。父母们也要教孩子从小就学会守时守信，做一个珍惜时间、信守诺言的人。

一天，菲菲和好朋友琪琪约好了，要到附近的公园写生。可快到了约好的时间，妈妈看到她还在摆弄自己的芭比娃娃，没有出发的意思，便提醒她说："菲菲，你不是和琪琪约好了吗？为什么还不出发？我们家到公园要半个小时，你再不出发就迟到了！"菲菲却不以为然地说："没事，我一会儿就出发。"妈妈说："我和你说了很多次了，和别人约好就要守时，否则迟到让人等多不好！"菲菲头也不抬地说："的确不太好，不过，也没有什么大不了的，她也等不了多少时间。我一会儿就会出发的。"

妈妈这时候有些生气了，说："你怎么可以不当回事呢？守时是一个人最起码的素养，你总是迟到、不守时，养成这样的坏毛病，长大会怎么样？还有谁会相信你？还有谁愿意和你做朋友？再说，你迟到不仅浪费别人的时间，也浪费自己的时间！既然和别人约好了，为什么不早一点出发呢？"

看见妈妈生气，菲菲也赌气地说："你们大人不也是经常这样？"妈妈不知道为什么孩子会这样说，不解地问道："我们大人怎么了？你什么意思？"

菲菲说："你上班的时候，不也是经常迟到？和××阿姨她们聚会的时候，总是在家化半天的妆，人家都到了，你还没有出发。我们学校组织活动的时候，你答应了我要参加，却总是食言。你自己都这样，还要求我守时守信？"

妈妈听了菲菲的话，一下子呆住了，没有想到自己的行为给孩子做了如此坏的榜样。她想了想说："孩子，对不起，是妈妈错了。你先准备出发吧，不要让人家琪琪等。今天晚上你回来的时候，我再和你认错，好吗？"

菲菲看了看妈妈，痛快地答应了。之后，妈妈和菲菲进行了深入的沟通，承认了自己的错误，也指出了孩子的一些不足，母女两人约好了彼此监督和帮助，做一个守时守信的人。

现实生活中，很多父母都和菲菲妈妈一样，不知不觉地给孩子做了不好的榜样。试想父母都不能做到，教育孩子的时候，他们怎么能服气呢？所以，父母们想要让孩子珍惜时间，守时守信，就应该从自己做起。同时，还要从小就教育孩子，让他们不迟到、不食言、不缺场。让孩子做到：和别人约好的事情，没有特殊原因的话，一定要做到守时守信。

除此之外，父母还要给孩子定下守时的规矩，并且严格督促，让孩子养成良好的时间观念。实际上，孩子在几岁的时候，是没有明确的时间观念的，也不知道迟到、不守时的害处。这就需要父母给予正确的教育和督促，让孩子知道如何做才是正确的，如何做是错误的。

在守时这件事上，家长一定要从孩子生活的点点滴滴抓起，严格监督，要知道，孩子的好性格、好习惯，以及道德观、价值观，都是从小开始养成的，更是从生活中点滴小事开始的。有时孩子口头答应的事情，并没有放在心上，或是因为年纪小而没有责任感，对于自己的言行并不太清楚，这时候就需要父母的指导和督促了。

8 言传身教，
让孩子学会礼貌待人

很多家长在教育孩子的过程中，总是认为在孩子小的时候，家长不必要求太严格，特别是在一些细枝末节上，都是睁一只眼闭一只眼，认为孩子大一点，懂事之后自然就好了，可正是这些父母对于细节的忽视，导致了一些孩子在行为举止上出现了问题，一些看似"小"的毛病，最终也无法纠正过来，甚至演变成大的问题。

平时在家，小希总喜欢自己拿着电视遥控器，调来调去不停地变换频道，从不问爸爸妈妈想看什么节目，而且和别人说话她也从来不懂得用尊称。妈妈总以为小希还小呢，所以一直也没有太在意。

可是，有一次，妈妈邀请了几个朋友来家里做客。大家都在客厅沙发上一边看电视，一边聊天，小希抱着玩具熊从房间走出来，她看了看家里的客人，一句话也没有说，拿起电视遥控器就调到了卡通频道。

妈妈把小希拉到一边，低声批评道："小希，你怎么不和叔叔阿姨们打招呼呀？还有，我们大人不喜欢看卡通频道，你要照顾大家的情绪，要懂礼貌，快把电视遥控器给我。"小希气呼呼地瞪了妈妈一眼，回自己房间了。

准备吃饭时，客人们还没有入座，小希就先一屁股坐到正位，自顾自地吃了起来。当小希看到有自己最喜欢的龙虾时，她居然把整盘龙虾端到自己面前，一边吃，一边喊着"真好吃"，全然不管在座的客人。

妈妈有些生气地说："小希，这些饭菜叔叔阿姨们还要吃呢，你怎么能把盘子端到自己跟前，真是不懂礼貌。"小希用手抓起了几只大龙虾，"懂礼貌！懂礼貌！真是麻烦！"她生气地把盘子一推，跑回了自己的房间。

尽管朋友们都说："孩子还小呢，没有关系。"但是，小希妈妈还是感到特别的尴尬，"孩子已经上小学四年级了，怎么还是这么不懂礼貌呢，我这张脸都被她丢光了！"

在生活中，我们常会遇见一些像小希一样不懂礼貌的孩子。尽管家长和老师一再对孩子强调一定要讲礼貌，可是似乎收效甚微。为什么会出现这样的现象呢？

首先，家长对自己行为细节的忽视和大意。

孩子生来就有超强的模仿能力，有的家长在孩子面前不检点自己的行为。例如，在街上见到残疾人有困难，不会主动去扶一下；在车上见到抱小孩儿的乘客，也不会主动让座；与邻里之间大吵小闹，等等。孩子在这样的环境下耳濡目染，自然也就养成了家长有的那些不礼貌的习惯。

其次，孩子的模仿力是最强的，很容易盲目学习同伴的"无礼"行为。

正所谓"近朱者赤，近墨者黑"。特别是小孩子，他们没有分辨对错的能力，有盲目从众的独特心理，使他们很容易受到同伴的影响。要是同伴中有几位不讲礼貌、举止粗野，他就会自觉或不自觉地学习他们，以此来证明自己和他们是同一类人。

那么，针对孩子不讲礼貌的问题，我们家长要从哪些方面去入手呢？

第一，规定无论在家里还是外边，都要讲礼貌。

有时为了表现礼貌，我们想做一件事或得到一些东西时，会违背自己的意愿，说不需要、没关系等。对于孩子而言，他们很难理解这些善意的谎言，不明白我们为什么要对他有礼貌，认为这是一件非常烦人的事情。因此，在事情发生后，家长必须对孩子说清讲礼貌的原因，和他们讨论一下，如果不这样做会怎么样，并且制订相应的惩罚措施，从而让孩子了解，礼貌是为了不给别人添麻烦，是为了尊重别人，让孩子学会设身处地地为别人着想。

第二，基本的礼仪必须要做到规范。

有时候，孩子表现得不够礼貌，是因为他不懂得一些基本的礼节。家长将基本礼节教给孩子是很有必要的。例如，让孩子了解一些基本的待客之道，主动让朋友分享自己的玩具、零食；主动帮客人放衣服等，可以使孩子更受到客人的喜爱；让孩子了解一些基本的说话礼节，"谢谢您""对不起"，可以使孩子的语言更加文明；让孩子了解一些基本的做客礼节，说话不能粗声粗气，要谈吐文雅；不经主人允许，不可随意动用主人家里的东西；告别时，要说感谢的话，如"今天饭菜真好吃""玩得很愉快"等。

第三，经常鼓励孩子的礼貌言行。

家长看到孩子的礼貌言行后，要及时地给予鼓励，告诉孩子哪些言行是有礼貌的，哪些言行还需要改进。当孩子意识到讲礼貌可以得到奖赏时，他们会很乐意去做这件事。同时，家长在鼓励孩子时，语言一定要明确，这样孩子对于礼貌的认识才会更加具体、明确。

孩子的举止行为能否做到彬彬有礼，并且在细节上也做到一丝不苟，很大程度上取决于父母是否能够严格地要求孩子，并且以身作则，不仅让孩子明白举止得体的重要性和必要性，同时也能够督促自己时刻注意细节，做孩子的好榜样。

第十一章

善于引导，让孩子遇见更好的自己

孩子的观察力不可小觑，很多时候对细节的敏感程度也让人惊叹，但是，他们并不知道细节对于自己人生的意义，也很难坚持恒久的观察与精细。因此，家长一定要善于引导，帮助孩子发挥他的特长，督促他对细节的认识和思考，可以让他们懂得每件小事都是大事的一部分，以小见大，不错过任何一个细节。

1 远离溺爱，
学会对孩子说"不"

几年前，有这样一则新闻：

留日学生汪某因学费问题与来接机的母亲发生争执，并对母亲连刺九刀，致其母胃、肝破裂，在特护病房住了整整七天才脱离危险。

后来了解情况之后才知道，汪某留学日本五年从不打工挣钱，一直认为自己家庭条件"挺好的"，实际上，他留学日常的所有费用都是靠母亲每月7000元的工资来负担。为了儿子，母亲顾某曾多次向朋友借钱。这次，顾某可能真的凑不到，打钱晚了几天，在机场接儿子汪某时，因为打钱的事情产生矛盾，汪某竟然对亲生母亲举起了刀子。

当时这则新闻让人惊悚且唏嘘，惊悚的是一个人怎么能不顾及母子亲情，对母亲下这样的狠手；唏嘘的是，这个汪某作为儿子，走到今天这一步，做家长的难道就没有一点责任吗？是家长从小给他怎样的教育才让他走到今天这一步的？

俗话说，孩子是父母的一面镜子。问题出在孩子这里，而"病根"却在大人身上，不少父母从孩子年幼时就对他百般疼爱、百般娇宠，要什么就给什么，以为这是爱孩子最好的表达方式。然而事实上，这种方式非但没有换来孩子应有的回报，反而让孩子变得没有一点规矩，甚至变得冷酷无情。

更可怕的事情还在后头：当孩子对父母的依赖越来越严重时，他会感到自己的需求和父母的能力之间的差距越来越大，相互间不满和怨言也与日俱增，以致出现纠纷和冲突。打开网络，这样的新闻不在少数，一定会让你看得触目惊心。

因此，作为家长就一定要明白"慈母多败儿"的道理，必须避免对孩子的溺爱，该讲原则的一定要讲原则，不光孩子要遵守，父母自身也要严格去遵守。具体来讲，父母们应该如何去做呢？

第一，要学会拒绝孩子的不合理要求。

如果父母不懂得怎样来约束孩子，那么孩子的要求将会是没有止境的。今天可能是在向你要第三十个变形金刚，明天可能就想跟你要月亮、要星星。诚然，即使五十个变形金刚，多数父母也能买得起，但是当他要你摘星星、够月亮的时候，你就无法满足了。这时候，父母就需要为自己对孩子溺爱付出一定的代价。

要什么给什么的教育方式不是对孩子的爱，而是一种变相的伤害。所以，父母一定要立下规矩来应对孩子的索取，学会对孩子说"不"，对于他的无理要求坚决拒绝，否则他的一再索取就会没有了原则。

第二，父母不要对孩子事事包办。

在孩子力所能及的情况下，让他们自己解决自己的问题，不要对孩子事事包办，让孩子过得太过安逸。

正所谓"生于忧患，死于安乐"，要想让孩子成才，父母就不能越俎代庖，而是应当制订相应的规矩，鼓励他们自己去玩、去思考、去探索。就像对于狮子，我们必须让它接受大自然的磨砺，尽管某些时候，这种磨砺看起来很"不人道"：饿了自己找食吃；渴了自己找水喝；受伤了，就用舌头舔伤口。只有让它独自接受生活的挑战，它才能在大自然的环境里顺利地活下来。

家长对孩子的教育和培养也是如此。如果家长一味地满足孩子，只会把孩子养成像笼子里的小狮子那样，毫无生活技能，最终被社会所淘汰。真正爱孩子的父母，要学会用规矩管理孩子，而不是纯粹用感性去管理。放开孩子，才能培养孩子的独立性，才能让孩子了解生活的真相，从而成长为勇敢和懂得感恩的人。

第三，任何场合不许无理取闹。

大多数孩子非常喜欢无理取闹，因为他们知道父母会宠着他、惯着他，所以，可能在外面公共场合就开始大哭大闹，不达目的不罢休，这样的结果只能使孩子变本加厉，所以，家长不能允许这种情况发生。立下规矩，不许他在任何场合无理取闹。

第四，不要随意给孩子钱财。

父母不要随意给孩子钱财。有的孩子为了引起父母的注意，使劲地闹事，闹得父母又爱又恨，一阵狂吼之后又于心不忍，随即掏出大把的钱给孩子以慰藉孩子。

第五，不必过分注重孩子的感受。

孩子的脸，六月的天，说变就变。孩子的喜怒总是无常的。家长不必因为孩子一时的不快而围着孩子转。家长只需要关注着孩子，在他需要帮助时帮助他就可以了。

2 别说"人家有的你也要有"

曾经有一位母亲在网上向网友倾诉：自己刚花了 600 多元给孩子买了双篮球鞋，而自己却忍饥挨饿舍不得在外面吃 6 元钱的凉面。

这位母亲还说，本来想让孩子把压岁钱留作学费或者买书用，可孩子不依，非要买名牌鞋，而且还声称："这些钱本来就是我的，买什么当然要由我说了算，再说我们班男生新学期都有了某名牌篮球鞋，我可不想穿着旧鞋子丢人现眼。"

听到孩子说这样的话，作为父母的我们可能会倍感错愕，但这就是事实。据说有"贵族学校"的小学生，父亲开着一辆大众轿车来接她，她嫌弃自己家的车档次太低，让父亲把车停到离学校一百多米的地方，然后走过去再上车。原来，这孩子是怕自己家的车在别人家的"奔驰""宝马"中显得矮半截。不能不说，随着生活水平的提高，没有接受合理引导的很多孩子就开始爱慕虚荣和喜欢攀比。

小雨今年升入了初中。这个成绩优异又聪明帅气的男孩，很招人喜爱。不过，小雨现在特别爱讲排场，穿的衣服鞋子都要名牌，就连背的书包也必须是"耐克"。用他的话说："这才叫有范儿。"

有几次，小雨回家后，看到父母给他买回来的衣服，是普通牌子的。虽然衣服也很好看，但他坚决不穿，而且还为此大哭大闹。

摊上一个这样的儿子，小雨的父母很是头疼。他们虽然家境不错，但不想助长孩子这种奢侈做派。妈妈问小雨为什么非要穿名牌，而小雨的理由是："我的同学可都穿名牌呢，就我穿一件普通牌子的衣服，怎么好意思跟人家在一起玩。我不穿，人家会笑话我的，那样的话，我干脆别去上学好了。"

你身边是否也有像小雨这样非名牌不穿的孩子呢？

很多父母都困惑不已，不知道现在的孩子到底是怎么了，为什么这么崇尚物质？

实际上，小雨绝非个例。如今随着人们生活水平的提高，这已经成了现代社会的一个较为普遍的现象。尤其在那些条件好一些的家庭里出生的孩子，从小就习惯了玩高档玩具，穿名牌衣服，等稍微大一些后，就和同学相互攀比，看谁用的手机是"苹果"，谁穿的衣服是"阿迪"，谁的爸爸开奔驰……

针对这一现象，如果父母不尽快给孩子定规矩，听之任之，那么长此以往，孩子就会陷入追求物质的泥潭而无法自拔。现在他可能只要件高档衣服，那么过些天可能又想要高档手表，再大些可能就要更奢侈的东西。这样下去，孩子的欲望必然会增长到父母无法满足的地步。那时的孩子，由于沉浸在对物质的极度追求和贪欲里，很可能会为了满足虚荣心而走上犯罪的道路。到那时，做父母的再后悔岂不晚矣？那该怎么办呢？

首先，要帮助孩子制订消费计划。

美国的父母在孩子的学业方面不会像我们国家的父母这么重视，但他们对孩子的理财能力的培养却毫不含糊。例如他们在孩子八九岁的时候就要求他们能制订一周的开销计划，十二岁时则要能制订约半月的开销计划。他们要求孩子通过做家务劳动等来挣得零花钱，因为挣得的零花钱有限，这就需要他能理性消费，根据自己的收入来计划支出。

其次，要教孩子学会客观地认识自己。

要对自己的优点和缺点有一个客观的认识，既不要过高地估计自己，也不要无视自己的短处。优点并不一定是自己比别人好的地方，缺点也不一定是自己不如别人的地方。并且，优点和缺点往往是相辅相成的，没有绝对的优点和缺点。如果孩子能客观地认识自己，即使自己不如他人，或者被人轻视，也能自我排遣，获得心理平衡，不至于用夸张或逃避的方式来保护自尊。

虚荣心会阻碍孩子健康成长，父母应采取必要的方法予以纠正。当然，绝大多数孩子的虚荣心属于一般心理现象，只要父母适当引导孩子，避免在其个性成长中出现如情绪不稳定、不认真学习、缺乏意志力等问题即可。

3 不要让奖励沦为"贿赂"

　　我们身边不少家长都喜欢用物质奖励孩子，以便让孩子听话、好好学习、多做家务等，效果似乎也很明显，但事实上，物质奖励孩子并不是一种很好的方法，特别是很多家长在物质奖励这方面过于随意，没有固定的标准和规矩，存在滥用物质奖励的情形，这会给孩子的成长造成很多隐患。

　　最近琳琳妈妈就特别头疼，虽然琳琳还只是小学四年级学生，但琳琳妈妈对自己的孩子已经到了头疼抓狂的地步。例如这天琳琳要参加考试，临上学前问妈妈："妈妈，我考试好了有没有奖励？"妈妈逗琳琳说："没有。"没想到琳琳当时就变脸了，非常不高兴地说："没有奖励我还考什么试啊，干脆不参加了，你看着办！"

　　琳琳妈妈万万没想到她小小年纪会说出这样的话来威胁大人……不过究其原因，琳琳妈妈自己也清楚，还得从孩子上幼儿园时说起。

　　当时琳琳刚开始上幼儿园不适应，每天早上上学都要哭闹，正当全家人都一筹莫展时，爷爷说："你听话去上学，放学后爷爷带你去吃汉堡……"没想到这个方法竟然出奇地管用，于是渐渐地大家都学会了这一招，渐渐发展到"把饭吃完，就给你买酸奶""把玩具收拾好，带你去坐摇摇车""在学校表现好，给你买新鞋子"，甚至"收拾自己房间、打扫卫生奖励五块钱"……

　　琳琳就是在这样的环境中长大的，渐渐地，家人开始觉得，琳琳对于物质的要求越来越高，更让家人寒心的是，琳琳与家人的关系仿佛越来越向着物质的天平倾斜，在与琳琳交流的过程中，如果少了物质这个因素，家长甚至都觉得没办法跟琳琳顺畅地沟通了，这让他们很是头疼。

其实，琳琳的问题归根结底还是在于她的家长。从本质上来说，人的行为动力来源于两大动机，即外部动机和内部动机，而物质奖励会让人的内部动机消减，最后只能依靠外部动机行动，否则就会丧失行动的动力。正是由于琳琳的家长从小对于琳琳滥用物质奖励，才会造成她如今的种种问题。

正所谓"没有规矩，不成方圆"。因为琳琳从小得到的物质奖励没有一个量化的标准，这就导致她的行为逐步降低到只以获得奖励为目的，而忘记了自己的兴趣与初衷，平时的行为模式变成了为奖品而行动，而对被奖赏的行为本身失去兴趣，客观上阻碍了行为习惯的养成。哪天没有奖励了，孩子就不愿行动了，错误地把行为作为交换奖赏的筹码，把努力变成了一场交易。

对孩子将来而言，如果家长在奖励问题上没有"规矩"，长期滥用物质奖励，他们难免养成凡事"物质第一、金钱第一"的错误价值观，谁有好东西就向谁靠拢，从而严重影响今后的为人处世。

因此，作为父母在奖励孩子时一定要掌握正确的方法和分寸，最重要的，要用规矩来限制物质奖励的使用。有的父母会说："自己平时上班太忙了，很少有和孩子交流的机会。那么我就用物质来补偿吧！"但是他们不知道，孩子不仅不会对父母的付出领情，更不懂得对大人的给予表示尊重和感恩。

"物质代替情感"这是最大的溺爱，是父母在奖励问题上失掉了"规矩"，带来的后果必然是孩子在索取物质奖励上同样失掉了"规矩"。物质不能代表爱，溺爱也不会拉近父母和子女之间的感情。要想做个成功的妈妈，不妨在奖励方法上多给孩子立一些规矩，达到什么标准就得到什么奖励，量化清楚，以免让孩子陷入纯粹追求物质奖励的怪圈，如当孩子取得成绩时，可奖励孩子"掌管家政一天或一周"。即孩子在一天或一周内以"家长"的身份主持家庭生活，包括修改家庭中的某项制度。这个办法比较适合十四岁以上的孩子，因为十四岁以上的孩子自主自理的心理在发展，他们渴望介入生活，主持生活，也渴望别人尤其是父母了解和尊重自己。这种奖励的本身就是一种目的。通过多次训练，在潜移默化中完成对孩子持家理财、独立自主品行的培养。另一方面，家长一定要多抽时间陪陪孩子，与孩子一起做做游戏、谈谈心，这才是真正意义上的"爱孩子"。

4 及时分床，培养孩子的独立性

我们都知道，孩子到了一定年龄，就需要分床、分房睡了，这样既有利于爸爸妈妈好好休息，增进感情，也有利于培养孩子的独立能力，对于孩子的成长绝对是有好处的。至于具体的实施，其实没有具体的时间限定，通常认为，只要能够在三岁到十岁之间完成分床就行。生活中，有的孩子可能三岁就能完全自己睡了，有的可能需要拖到八九岁，这都是正常的。

一个家长这么说："孩子今年都九岁了，可是依然不敢自己睡觉，每天晚上硬要跟我们挤在一起才能睡得着。这可如何是好？眼看着孩子一天天长大了，总不能成人以后还是跟父母一起挤吧？"

另一个家长说："我儿子快上小学了，从小到大一直都是我陪着他睡觉，他很黏我，我们觉得他要上小学了，需要锻炼独立性，要开始独自一个人睡，所以特意给他布置了自己的小房间，可是每次都是说好了自己睡，但却做不到，而且晚上总是不停地又哭又喊，害得我也休息不好，我都不知怎么办了。有哪位有经验的朋友给点主意，怎么才能让他独自一个人睡呢？"

在一些育儿类的网站，类似的烦恼和求助还有很多。怎样才能与孩子分床睡觉，是很多父母都关心的一个问题。父母的这种苦恼是可以理解的，毕竟，要让孩子学会独立，与父母分床睡觉是关键之一。

试想，一个十来岁的孩子如果还夜夜黏着父母睡觉，对于他人格和性格的形成是极为不利的，会给孩子正常的成长带来负面影响。那么，到底是什么原因导致孩子不敢自己一个人睡觉呢？专家分析，导致孩子不敢自己睡觉的原因大致可以总结为以下两点：

第一，在孩子很小的时候，一些父母因为担心孩子夜里睡觉踢被子，担心夜里不知道起来尿尿，为了能在夜里更好地照顾孩子而让孩子跟自己睡一个被窝。久而久之，在孩子幼小的心灵中播下了依赖的种子，并最终随着孩子年龄的增长而发展到不敢一个人睡觉。

第二，有些家长过于溺爱孩子，过于迁就孩子，孩子到了该跟父母分床睡觉的年龄，始终不肯离开父母自己睡觉。而父母又狠不下心来强制分床睡，只好让孩子继续跟自己一起睡，这么一睡，就睡到了八九岁，有的孩子甚至十几岁还跟爸爸妈妈睡在一张床上。

那么，家长需要怎么做才能把一直和自己一起睡觉的孩子"赶"走呢？这个过程中家长需要解决两个问题：第一是孩子对父母的依赖心理和独自睡觉的恐惧心理，第二是家长自身要"狠下心来"，不能一味迁就孩子。具体来说可以用以下几个方法：

首先，要让孩子明白独立睡觉是一个人长大了的标志，而不是父母从此不再爱他了。此外，要逐渐培养孩子晚上睡觉不乱踢被子或小便时知道叫大人。具体来说，父母可以发挥孩子的主动性和想象力，和孩子一起布置他的小房间或小床铺，父母要尽可能地满足孩子的愿望。这样，孩子会感到他长大了，有了自己的一片小天地，自己可以说了算，既满足了孩子独立的需要，同时又为孩子创造了单独睡觉的环境。

其次，家长要注意循序渐进，先分床，再分房，让孩子慢慢适应。必要时给他一个抱抱熊作为替代物。诱导睡眠时，可以讲个小故事或轻轻拍拍背，让孩子有安全感，安静入睡。而且家长在这件事上一定要做到坚持原则，有的家长分床后一见孩子哭闹，就难以坚持，又让孩子回来同睡，这样是不行的。

除此之外，父母与孩子分床睡时，如果孩子需要，可以给他找一个替代物。例如，让他抱着妈妈的枕头睡觉，或者抱着自己喜欢的娃娃睡觉等。时间长了，孩子适应了一个人独立睡觉时，父母可撤掉替代物，但切不可操之过急。

一般来说，与家长分床睡太晚的孩子，女孩会比较依赖，男孩比较脆弱，这对于孩子的成长和发展都是非常不利的。因此，孩子到了该分床的时间就要分，这也是一种独立生活的能力，这种能力在以后的生活和学习上都会有体现。

5 让成功的种子在孩子的兴趣中萌芽

曾经有这样一个小男孩，他热爱篮球到了疯狂的程度，他最大的梦想就是有朝一日站在 NBA 的赛场上。

可是，这个男孩先天条件不足，他的身高比同龄的孩子要矮很多，以这样的身高怎样去进军 NBA 赛场的角逐呢？所有的人都嘲笑他异想天开。

就连他的朋友都说："你的梦想是永远都不可能实现的。"

邻居们也跟着挖苦："你看你长得这么矮，你这不是痴人说梦吗？"

在诸多"压力"下，他的父母也开始劝孩子放弃这个不切实际的想法："还是算了吧，你根本就不是打篮球的那块料。"

这个男孩不能相信，为什么平时那么疼爱自己的父母也觉得自己不行呢？

虽然所有的人都不看好自己，但是他依然坚信如果尝试着朝那个目标前进，他会非常有成就感。不是有那么一句话："做大家都认为不可能实现的事情，才会真正地体现这个人的实力。"也许幼小的男孩当时还不能明白自己的那份倔强和执着挽救了他。

他渐渐地长大，但是这个梦想从来都没有动摇过，他一直都在坚持不懈地练习投球、运球、传球等技巧，同时也不忘记对体能的锻炼。几乎每天，人们都能看到他与不同的人在比赛。

虽然他的父母还是不相信他能出现在 NBA 赛场上，但是不管怎么样，他觉得离自己的梦想已经越来越近了。

功夫不负有心人，他终于成为镇上有名的篮球运动员，从代表全镇参加比赛到成为全州无人不知的篮球运动员，再到最佳的控球后卫，最终他如愿以偿地成了 NBA 夏洛特黄蜂队的一名球员。这个男孩就是博格斯。

歌德曾经说过，哪里没有兴趣，哪里就没有记忆。一个孩子对某样好奇的东西产生兴趣，那是再自然不过的事情。

如果你的孩子喜欢跳舞，可是偏偏她没有曼妙的身姿，难道仅仅是因为这样你就会劝她打消这个念头吗？如果你的孩子喜欢钢琴，可是偏偏他没有修长的手指，难道仅仅是因为这样你就可以理直气壮地拒绝他要学琴的请求了吗？如果你的孩子喜欢画画，但是在他身上偏偏没有让你感受到那种特有的艺术特质，难道仅仅是因为这样你就可以武断地表示你的态度："看看你的样子，你根本不是学那个的料啊！"

仔细想想，你的"偏见"曾经多少次将孩子那份跃跃欲试的期盼毁于一旦。

看完上面博格斯的故事，或许能给这样的"预言家"父母以启迪吧！

谁都没有想到当年那个"小萝卜头"会成为 NBA 赛场上的篮球运动员，显然，"不可能"也并不是绝对的。

也许博格斯父母应该庆幸，庆幸当年的博格斯不是一个轻言放弃的孩子，因为不轻易放弃，所以父母当年的那一番话就成了永远的"过去式"。博格斯给自己的未来点亮的这盏灯难道还不足以让所有的父母相信你的孩子是有无限可能的吗？

所以，不要轻易对孩子说"算了吧，你不是那块料"。因为不是所有的孩子都像博格斯一样倔强，很多孩子听到父母说这样的话，会立即打消脑子中提前设定的种种计划，即使有一万个奇思妙想，也终究抵不过父母这样的一句话。

所以当孩子站在你的面前有点手足无措又很慎重地跟你说他想试着去学什么时，请你告诉他："孩子，如果有兴趣，你可以试一试。"或者是相信你的孩子是有某种潜能的，只是它还没有被很好地挖掘出来，那么你就可以做那个"挖掘者"的角色。

首先，面对孩子的兴趣，一定要采取鼓励的态度。家长永远都不能忽视自己在孩子心里的地位，不要随随便便地就将孩子捧上天，也不要随随便便地摧毁孩子的求知欲和好奇心。父母在孩子的心里永远都是第一个权威的评价者。

其次，没有谁可以拥有预测孩子未来的"先见之明"，包括孩子的父母，所以任何时候，父母在爱好兴趣上给孩子定规矩的时候，要给他们一个可以自由呼吸的空间，不要以一个高姿态评论家的身份来拿捏孩子的兴趣爱好是否与他们自身"门当户对"，因为他们正在成长，他们还有无限的潜力。

每一个孩子都有一双飞翔的翅膀，我们没有理由拒绝他们飞翔，对你的孩子说"大胆地去做吧"，或者"放开手尝试着去干吧"，等等，也许很多年过后，你会眼前一亮，原来他已经不知不觉地长成了"那块料"。

6 引导孩子充分地接触大自然

在孩子的世界里，一切都是新鲜的，一切看起来都那么的有趣。因此，孩子们总会不厌其烦地盯着这样那样的新鲜事物看。不要遮住孩子的目光，做父母的要尽可能地打开整个世界，让孩子充分去认识这个世界。

铭铭今年六岁，是小学一年级的学生。铭铭成绩优秀，而且几乎所有老师的评价，都说铭铭是个非常爱思考的孩子，而且他有着极其敏锐的观察力，兴趣也十分广泛。

原来，铭铭的父母在他很小的时候就很注意训练孩子的观察力和想象力，以培养他广泛的兴趣。他们认为指导孩子运用五官去感知世界是他顺利学习知识和进入社会的关键。为了培养孩子，他们在铭铭的房间挂满了各种名画的临摹本，也陈列了许多著名的雕塑仿制品，这种艺术品各式各样，全部来源于大自然。

从铭铭一周岁起，妈妈就开始指导他识别生活中的各种物品，如桌子、椅子、床、窗子、楼梯等。等孩子到了两岁，便开始让孩子认识家里的艺术品，一开始，铭铭只能强迫性地记住这些艺术品的名称。随着年龄的增长，再加上妈妈的解说，铭铭逐渐认识到艺术品中的含义了。

等铭铭再大了一点之后，妈妈便经常带他去公园观察花草虫鱼，看天上的云朵变化，感受地上的鸟语花香，引导孩子说出各种事物的特点。就这样，等铭铭到了三岁的时候，居然能分辨出不同的花和草，能清楚地叫出各种各样的虫鱼鸟兽的名称了。就连铭铭的父母也为此感到惊讶，他们并没有想到铭铭能成长得这么优秀，只是觉得应该让孩子在自然的熏陶下健康成长。

现在的铭铭不但身体健康，兴趣更加广泛，不管什么在他的眼里似乎都有无穷的魅力。

望子成龙，望女成凤，这是全天下父母的希望。于是，父母在孩子还小的时候就急不可耐地教他认字、读书，就连墙上挂的也都是《三字经》《千字文》，恨不得孩子三岁能作诗，五岁能作赋。殊不知，孩子在书海世界中，忘记了五彩缤纷的大自然，忘记了这世界更多更美的精彩。

　　除此之外，现在这个社会，到处被电视、游戏、手机等电子产品充斥，孩子们的业余时间长期被这些东西所占据，反而少了接触大自然的机会。专家称，正是这些用于娱乐的新科技成为儿童及青少年身心紊乱的主要原因。

　　而随着新科技娱乐产品的增多，自然缺乏症的患者也呈增加趋势。专家认为，孩子们越来越远离自然，就会越来越恐惧外界，结果导致他们害怕交通、害怕陌生人、害怕大自然，整天只愿意生活在虚幻世界中，只盯着屏幕获得安慰。

　　对于正在成长中的儿童和青少年来说，让他们去充分接触大自然时，并不是简简单单地让他东张西望，而是巧妙地利用好奇心，去引导孩子观察、辨识不同的事物。孩子在观察事物特征的过程中，便能在愉快的气氛中陶冶了情操、培养了兴趣。

　　有些父母认为，在孩子的房间里放上一台配置高的电脑，各种各样一流的学习软件，订几个远程教育课件，就可以把孩子培养成同龄人中的精英。但是，对于孩子来说，最好的教育应该是直观的，就像远程教育永远不及学校老师的言传身教那么亲切自然。

　　因此，有条件的话，在孩子暑假的时候，把他们送到乡下的亲戚家生活，让孩子们享受田园的一切：新鲜的空气，田里的秧苗，池塘里的蛙鸣，这些都让他们感到惊奇。等他们回来之后，就会十分关注大自然。

　　接触大自然是一种开放的游戏，这与普通的户外运动不同，接触大自然应该不带任何目的，不受任何限制，让孩子在与复杂的自然接触中锻炼自己的想象力和创造力。不但如此，在田野里挖洞、蹚水过河、山后探险、捕捉小动物等活动，都能充分调动孩子的五官感受，让孩子在轻松的状态下集中注意力，开发大脑思维。

　　此外，家长应该给孩子更多的"陌生感"，例如，带他去偏远山村，尝一尝泛黄浑浊的水，试一试一个月不能洗一次澡；带他去海边坐坐渔船，体会渔民的辛苦；带他去沙漠感受一下沙子刮脸，还有如何节约用水……这些都能丰富孩子的生活经验，让他看到另一种环境、另一种生存状态，你会发现，当孩子体验过这些生活后，他会变得更坚韧、更惜福。

7 让孩子从小树立理财观念

作为美国的大实业家、慈善家和美孚石油公司创办人，约翰·洛克菲勒也是有史以来第一位亿万富翁。

洛克菲勒能够成为一个大富翁，离不开来自身为精明商人的父亲的影响。他的父亲是一个有着极强商业意识的人，一直用自己的言行影响着儿子。在洛克菲勒小时候，父亲就总是不厌其烦地向他灌输商业意识："人生只有靠自己，做生意要趁早。"

在小洛克菲勒7岁那年，一次他在森林里玩耍的时候，发现了一个火鸡的窝。于是，他抱走了几只，并把它们悉心照顾起来。渐渐地，小火鸡长大了，等到感恩节的时候，洛克菲勒便将火鸡卖给邻近村子里的农民，并从中赚到了一大笔钱。他的这一行为，受到父亲的大力赞扬。

在父亲生意经的影响下，洛克菲勒十二岁那年就离开了学校，投身于多彩多姿的商界。转眼4年过去了，洛克菲勒十六岁那年在一家公司当簿记员时，准确地掌握了商业信息，然后他向老板提出，务必收购了一批小麦粉、火腿以及玉米、肉干、食盐等食品。老板觉得他说得有道理，就照做了。但当时周围更多的人对他的举动是不看好的，他们不知道这个少年在玩什么把戏。

然而，就在大家纷纷表示怀疑后不久，英国发生了饥荒，洛克菲勒所在的公司把囤积的货物向欧洲市场抛售，获得了巨额利润。一时间，年仅十六岁的乳臭未干的洛克菲勒名声远播，成为人们茶余饭后纷纷议论的对象。

就是这样，从十六岁当簿记员开始的洛克菲勒，靠着从小养成的敏锐商业意识和极强的逻辑分析以及出奇制胜的经营策略，最终成为垄断全美石油业的石油大王，跃居美国十大富豪之一的地位。

从洛克菲勒的经历中我们可以看出，对孩子进行早期理财教育将直接影响他一生的成就甚至命运。

儿童行为学家经过研究发现，5～14岁时，是孩子理财能力得到培养的关键时期。但实际上，一些西方国家在孩子的理财能力培养方面早已逐渐提前。美国家庭中，孩子一般在三岁时就能辨认硬币和纸币，六岁的时候父母就会培养他具有"自己的钱"的意识，等孩子长到十二三岁，父母就会要求孩子自己尝试打工赚钱；法国家庭中，一般孩子从三岁左右起，就要接受来自父母的"理财课程"，在这一课程里，父母会向孩子灌输基本的货币概念，等孩子长到十岁左右时，往往就已经有了自己独立的银行账户。其他还有不少发达国家也是积极培养孩子的理财观念，在此就不一一列举了。

由这些国家的父母对孩子的理财教育，我们中国的父母是不是也该从中得到一些借鉴？那么，就积极培养孩子的理财观念吧！

当然，对于孩子理财观念和理财能力的培养是一个循序渐进的过程，不可一蹴而就。因此，父母们需要掌握其中的规律，根据孩子的年龄来采取相应的教育方法。

例如，对于3～4岁的孩子，可以教给他认识硬币、纸币，并知道大小；对于5～7岁的孩子，父母应该让他懂得钱的不同来源以及钱可以用于多种目的；到了7～11岁这个阶段，父母要让孩子学习管理自己的钱，可以给孩子建立一个个人账户，并让他认识到储蓄在满足未来需求方面所起到的作用；到了11～14岁时，父母可以引导孩子怎样提高个人理财能力，如让他知道在哪些情况下才可动用储蓄；到了14～16岁这个阶段，父母可让孩子学习使用一些金融工具和相关服务，如怎样储蓄和怎样进行预算等。

这样的做法，既能让孩子具备慷慨大方、助人为乐的良好品格，又不会毫无原则地大手大脚地挥霍钱财。同时，孩子还能够学会珍惜金钱，但又不至于斤斤计较。

如果一个孩子不懂对金钱的使用，必然会缺乏正确的消费观念和创造财富的能力。因此，要想让你的孩子像洛克菲勒那样拥有财富头脑，那么就对他进行理财教育吧。

这样，他就会树立正确的金钱意识和经济意识，懂得用劳动去获取金钱，懂得合理地使用金钱。由此看来，理财能力不仅仅是一种工具和手段，也是让孩子能够成为积极能干的、健全的新时代人才的基础。